みんなの恋愛映画100選

「男も女も、さぁ恋愛映画を観よう!」

映画とは。
アメリカのオハイオ州を舞台にした西部劇であろうが、火星との交信を描いたラブコメディであろうが、必ず、そこにストーリー（人生）がある。決していつもハッピーなものとは限らないけど、映画館を出た後に足取り軽く、見るもの全てをバラ色にみせてくれるときもあるし、それと同じくらいに胸が焼けるほどの思いと共に何日も頭から離れず、観たことを後悔するときもある。ただ、どちらにも共通して言えるのは、私たちの心に入ってきては、脈の速さを変えて、私たちに魅せてくれるというところだろう。たった数時間のことなのに、まるで誰かの一生を観たような気になることは、稀ではないし、それこそ何度でも恋に落ちられる。

本書は恋愛映画だけを100本集めたものになっている。
これぞまさにラブコメの代表という映画もあれば、これのどこが恋愛映画なの？ と疑問を抱くようなものもある。これは冒頭でも触れたように、舞台がどこであろうとストーリーがあるように、恋愛映画も年齢、世代、時代、そして、性別に囚われないその可能性に溢れているということを示している。(と少なからず私は思っている。)

恋愛映画という括りにしときながらも、自由にページを行き来できるような、そんな本になれば。そして、もう少し願うのならばこの本を開いたことで、今までは取るに足らなかった日常生活の中にある“せりふ”を見つけてもらえたら、嬉しい限りである。

※本文の最後に各執筆者の氏名を略称でいれています。　山瀬まゆみ＝(Y)　小川知子＝(O)　中村志保＝(N)

1950 – 1980

お金持ちの男は、美人の女と同じなの。

紳士は金髪がお好き

001 / 100

金に目がない金髪の美女ローレライと、男運はないもののローレライ同様に美しい黒髪のドロシーは、ニューヨークで男たちを虜にする今をときめくダンサーだ。二人が通ればこぞって男たちは口笛吹いて振り返る。この美女たちが豪華客船に乗り込みパリへと旅をするのだが、船中で、ローレライは金の成る男を、ドロシーは本気で愛してくれる男を物色し始める。実は婚約者がいるローレライ。だが、金持ちの男には妻がいようとお構いなし。若く美しくチャーミング！という無敵の武器ですり寄っていくわけだ。そんな彼女、上のせりふを気持ちがいいほどさらりと言ってのける。有無を言わせる暇もない。しかし、「そうそう、金持ち男は美女と同じ！」なんてたやすく賛同できるものか。とはいうものの、世の金持ち男には美女。という構図はそう間違ってもいないと思う。悔しいことに。(N)

INFORMATION

ニューヨークで売れっ子のダンサー、ローレライとドロシーがパリへ渡る船中で繰り広げられるミュージカル。1928年に映画化され、53年制作の本作ではマリリン・モンローとジェーン・ラッセルが主演。

まるで長い廊下を歩いてるみたい。
昔かかってた鏡のかけらが残ってる。
廊下の端に着くとそこは暗闇だけ。
その暗闇の向こうには死が待ってる。
でもそこまで行く前にいつも戻ってくる。

めまい

002 / 100

さて、女がこのように打ち明けてきたらどうするだろうか。好きでもない女の言葉であれば、辛気臭いと一笑に付すかもしれない。もしくは、「はぁ、良い医者でも紹介しようか」とつれなく一蹴するかもしれない。だが、好きになった女の言葉となればまるで魔法のように響く。たちまち情にほだされ、彼女をなんとか救うことはできないものかと、あの手この手で女に尽くすことだろう。“惚れた”という事態が盲目にさせ、仮面の下の真相に気づく頃には手遅れだ。ただ、騙されてみることは恋の蜜でもある。本作では、高所恐怖症による目眩(めまい)に悩む元刑事のスコティが、友人から、死者に取り憑かれた妻の動向を探ってほしいと依頼を受けることから騒動に巻き込まれていく。自らを死へと追い込む不可解な行動をとる女は、この言葉をもってスコティに心を開いたかに見える。しかし、その頃には時は既に遅し、男は女の虜なのである。(N)

INFORMATION

ヒッチコック監督作。高所恐怖症に悩まされる元刑事が、友人から不可解な行動をとる妻の調査を依頼されるのだが……。ズームレンズを使用し目眩を表現した撮影方法は、本作以後、多くの映画、ドラマ、CMなどで引用された。

「当然君は僕のものだ」
「人が、人のものなんて、檻はお断りよ」
「檻じゃない、愛だ」

ティファニーで朝食を

003 / 100

『ティファニーで朝食を』はそのタイトルからもわかる通り、とってもチャーミングな映画だ。自由気ままに生きるホリーは、その美貌を武器に男の人からお金をもらって生活中。また、同じアパートに引っ越してきた作家を自称するポールも、実は女の人に貢がれて生活している、いわゆるヒモだ。聞こえの悪い二人だが、どこか堂々と「お金がないと生きていけないし、好きだから仕方ない」と開き直っている態度が気持ちよく、その自由さが魅力的なのだ。恋愛関係になると、「君は僕のものだ」とか独占欲が必ずつきまとう。束縛されることを毛嫌いするホリーは自由を求め過ぎるが故に、本当はそれが自分自身を檻に入れていることに気づかされる。そして、愛を信じることが自身を自由にしてくれるということにも。(Y)

INFORMATION

アメリカを代表する小説家トルーマン・カポーティによる小説が原作となっている。自由奔放な主人公ホリー役を演じる、オードリー・ヘップバーンの美しさ、また年代を感じる服装も鮮やかで綺麗。

あなたへの愛は、快楽を超越しているわ。

昼顔

004 / 100

昼に夫以外の男性と情事を持つ主婦のことを、総称で「昼顔」と呼ぶ。その語源となったのが、当時23歳のカトリーヌ・ドヌーヴが主演した本作。美しい若妻セブリーヌは医師である夫ピエールを心から愛しているが、幼い頃、中年の鉛管工に体を触られたトラウマが潜在意識となって、しばしば淫らな妄想にかられていた。妄想の中でピエールは「不感症さえ治れば君は完璧だよ」となじり、セブリーヌをムチで責めたり、別の男に犯させたりするのだ。そんなとき、上流階級の婦人が客を取る高級売春宿の存在を知り、その扉を叩いたセブリーヌは「昼顔」として自らの性を解放させる。だが、背徳と性の歓びを知った彼女は、優しい夫とベッドを共にすることさえなくなっていく。「僕らの間には越えられない溝がある」と不安を見せる夫に、セブリーヌがこぼすのがこのモノローグだ。けれど、彼女の本音が彼の耳に届くことはない。悲しいことに。(O)

INFORMATION

貞淑な女性が満たされない情欲の虜になり、二重生活を送るようになる。ジョセフ・ケッセルの同名小説。イヴ・サンローランの衣装に身を包んだカトリーヌ・ドヌーヴは本作をきっかけに、ブランドのミューズに。

ロミオ、ロミオ、なぜあなたはロミオなの？

ロミオとジュリエット

005 / 100

あまりにも有名なジュリエットの言葉だ。映画や劇、本を見なくとも知っている人は多いだろう。シェイクスピアの悲劇を忠実に描いたという本作ではこう続く。「その名は変わらないものかしら。ただ“私の恋人”にして」と。そう、可憐なるジュリエットが恋に堕ちた相手は、憎き血が流れるモンタギュー家の男である。「わたくしにとって敵なのは、あなたの名前だけ」というわけだ。そんな試練を背負いながらも愛し合ってしまった二人。キャントストップフォーリンラブ、もう誰にも止められないのである。それにしても、なんと歯の浮くようなせりふであることか。シェイクスピアや本作を冒涜するのでは決してない。だが例えばこれを日本男児の名（または自分の恋人のそれ）にして嘆いてみたい。「ヒロシ、ヒロシ、なぜあなたはヒロシなの？」。美しく汚れのない少女の言葉がかくもロマンスに欠けてしまうことよ。(N)

INFORMATION

弱冠15歳だった、ジュリエット役のオリヴィア・ハッセーがたまらなくキュート！ ちなみにロミオ役のレナード・ホワイティングは18歳。十代の役者を主役に起用したことでも当時大きな話題となった。

みんな食べて、食い殺してやりたい。

でんきくらげ

006 / 100

簡単に男を狂わす魔性の女を育てる方法があるとしたら、男に人生を狂わされた母の姿を見せることかもしれない。わがままボディと美しさゆえに母トミの恋人･吉村に犯されてしまった由美。激昂した母は、吉村を刺してしまい刑務所送りになる。生活のためにと母にならって水商売を始める由美だが、やくざ・風間に目をつけられ、これまた犯されそうになり、ともう大変。そんな彼女を助けてくれた高級クラブのスカウトマン・野沢に恋をするが、彼は由美を商品としてしか見てくれない。まあなるべくして男を憎んで金を憎まずといった感じに仕上がった由美は、高級クラブで「負けたら寝る」という賭博をし、なりふり構わず金儲けに走る。ある目論見(もくろみ)から、恋した野沢に抱かれることになるのだが、「いい気持ち。幸せ」と言いながら、同時に呪いのようなせりふを吐く由美の無邪気さと消えることのない怒りは、男だけでなく皆をしびれさせる。(O)

INFORMATION

元祖グラビアアイドルだった渥美マリの“軟体動物”シリーズの第三弾。増村保造監督作。洋裁学校に通う19歳の由美は、母の起こした事件をきっかけにホステスになり、肉体を武器にたくましく成り上がっていく。

籍はぬかんでもよぉ、
のう、わしらぁ、一生続けばいいじゃないの。

仁義なき戦い 広島死闘篇

007 / 100

戦後まもない広島。朝鮮戦争がちょうど勃発した、1950年。主人公の山中はチンピラのような生活を送っていた。大事なものなんて何もなく、自分の身すら顧みずに相手に挑みかかっていく山中は怒った子供のようだ。そんな山中が恋仲になってしまったのは、お世話になった村岡組組長の姪で、未亡人の靖子だった。靖子と一緒になってからも山中は変わらず、人を殺し大きな抗争の良い駒のように使われていく。特攻で主人を失い、向こうの家の事情があるから再婚はできないと言う靖子に、山中は特攻で亡くなった人は大事にせにゃいかん、と言った後にこのせりふを言う。鉄砲玉のように人に飛びかかっていく山中にとって、靖子との時間は束の間の休息でしかなかったが、その一瞬に永遠を見ていたのである。(Y)

INFORMATION

『仁義なき戦い』シリーズの第二部、実在したヤクザをモデルに戦後の広島で起こる抗争が描かれている。若い頃の、北大路欣也や千葉真一らが想像できないほど汗臭く個性的なキャラクターを演じている。

L　018
R　019

変わらない人もいるわ。少しは人を信じなきゃ。

マンハッタン

008 / 100

ニューヨークは、モラトリアムを続ける成長しない大人たちを許すだけでなく、美しいモノクロ加工で映し出してくれる。42歳のアイザックは、売れっ子TVライターだが、中身は少年で小説家になる夢は叶わぬまま。現に、彼に夢中の女子高生が恋人でも、まわりからロリコンと非難されることはないし、二度の離婚歴も問われず、周辺には日常的に浮気や不倫が横行している。しかもアイザックは、17歳の恋人トレイシーを子ども扱いし、本気を出していない。友人の大学教授エールの浮気相手で、雑誌のジャーナリストであるメリーの俗物ぶりに初めは鼻持ちならなさを覚えるアイザックだったが、同じ穴のムジナの彼女に惹かれていく。トレイシーと別れる大義名分で、アイザックはエールと別れたばかりのメリーと付き合うことにするが、彼女も彼も同等に気まぐれだ。このせりふは、何もかも失ったアイザックにトレイシーが向けたもの。中年の彼と少女、どちらが本当に大人かは誰の目にも明白である。(O)

INFORMATION

主演・監督はもちろんウディ・アレン。ダイアン・キートン扮するメリーとアイザックの夜の散歩シーンが美しく残る。ピュアな恋人トレイシーを演じるのは、小説家ヘミングウェイの孫、マリエル・ヘミングウェイ。

男ってみんなそうなのよね。
表より裏が好きなのよね。

陽炎座

009 / 100

表と裏。前と後。夢と現実。生と死。こっちとあっち。始まりと終わり。男と女……(その他、割愛)。これらの境界線が曖昧になっていくことは恐怖でもあるが、曖昧なものの先に存在するかもわからない答えを求めてしまうのは、人間の性(さが)である。新派の劇作家、松崎春孤は偶然に、品子という美しい女と出会う。彼女との三度の奇妙な出会いを、パトロンの玉脇に打ち明けるが、品子は彼の後妻だと気づく。数日後、松崎は品子と背格好がそっくりのイネと出会う。彼女は玉脇のために日本人になろうとしたドイツ人の前妻で、既に息を引きとっていたと知る。そこに、品子から松崎へ金沢で待つという謎めいた恋文が届く。この松崎に仕組まれた摩訶不思議な筋書きは、考え始めるとどんどん迷宮入りするので、松崎とともにまず流されてみるのがベターである。品子は松崎に、玉脇への愛憎を込めたせりふを吐く。品子とイネは表裏一体であり、品子の運命は決まっていたのだ。(O)

INFORMATION

泉鏡花の同名短編などを原作に、大正末年で昭和元年の東京で偶然知り合った美しい女に翻弄される劇作家の姿を描いた。『ツィゴイネルワイゼン』、『夢二』とともに、鈴木清順監督の浪漫三部作と呼ばれる。

「リンダ、セックスは誰にだってできるわ」
「だから？」
「私はすてきなロマンスがほしいの」

初体験 / リッジモント・ハイ

010 / 100

高校に入学したばかりのステイシー。そんな彼女の頭の中は、セックスと処女を捨てることでいっぱい。仲良しのリンダはすでに経験済みだし、周りのみんなと話す話題もそんなことばかり。やったことないことは、当たり前だけどやってみないとわからないし、想像が膨らむ。少し羞じらいながらも、見事に年上のイケメンにヴァージンを捧げたステイシーはその後、どんどん経験を積んでいく。彼女に恋する誠実で真面目なマークとは、最後までいけなかったものの、彼の友人マイクとはすぐにベッドイン。そんな調子で順調に大人の階段を駆け抜けていくのだが、なにかが足りないことに気がつく。そのときステイシーが放つせりふがこれ。ロマンスを誰かと共有できることは、よっぽどセックスなんかより珍しくて素晴らしい経験なのだ。（Y）

INFORMATION

80年代を代表するアメリカの青春映画。脚本は実際にリッジモント高校に潜入して書かれたそう。若きショーン・ペンがハイな生徒役を演じているのも見どころ。チョイ役でニコラス・ケイジも出演している。

SEX WAX

モモクリ3年、カキ8年、ユズは9年で成り下がる。ナシのバカめが18年。

時をかける少女

011 / 100

桃栗3年、柿8年。まるで慣用句のように使われるので、知る人も多いはずだ。でも、実はこの歌に続きがあることはあまり知られていないのではないか。梅は酸い酸い13年、林檎にこにこ25年などいくつかパターンはあれど、人が一人前になるまでを表した歌なんだとか。さて本作では、時空を飛び越えてしまう“テレポーテーション”と“タイムリープ”をカギにして、高校生の和子は深町くんと巡り合う。まるで幼馴染みのような彼と淡い恋心を通わせるのだが……。この歌は、和子と深町くんが子供の頃に一緒に歌ったという思い出の曲。童謡らしいのだが、それはさておき、深町くんがこの歌の続きを創作するのがなんともニクい。「愛の実りは 海の底 空のため息 星くずが ヒトデと出会って 億万年」。まさにロマンティック高校生。だが確かに、時と場所を超える恋は、数十年では足りなさそうだ。億万年が必要なのである。(N)

INFORMATION

実験室で気を失ったことをきっかけに、和子の周りで時間が遡るという奇妙な現象が起き始める…。原田知世の実写映画デビュー作。原田の中学卒業から高校入学まで、28日間という短期間で撮影が敢行されたという逸話あり。

それが恋だ。簡単なら恋とは呼ばんかも。

すてきな片想い

012 / 100

この日、朝からサマンサはすっかりふてくされていた。大事な16歳の誕生日なのに、家族の誰からも「おめでとう」の一言もない。むしろ、 姉の結婚式を翌日に控え、すっかり忘れられている。しかも、友達から回ってきたアンケートで、セックスしたい相手として憧れのジェイクの名前を書いた紙が、図らずも本人に渡ってしまうという痛恨のミス。ジェイクには、超美人で大人っぽいキャロラインという彼女がいるのに。だがこれが功を奏して、簡単すぎるほどにサマンサを意識し始めるジェイクの思いはつゆ知らず、セクシーとは程遠いぺたんこ体型にコンプレックスを感じているサマンサは、自信が持てないまま。学校のダンスパーティでも、ジェイクとキャロラインのダンス姿を遠巻きに見ていることしかできない。どうしようもできない片想いに苦しむサマンサに、辛いのも恋の醍醐味だと諭す父の言葉は、彼女の人生最悪の誕生日を優しく締めくくる。(O)

INFORMATION

80'sのアメリカのティーンで通ってない人はほぼいないという、ジョン・ヒューズ監督の青春ドタバタ・コメディ。主演は、ティーン・アイドルだった、モリー・リングウォルド。ジョーン・キューザックも脇役で出演。

「世の中思いどおりにいかない」

「そんなことない」

ベティ・ブルー／愛と激情の日々

013 / 100

ある程度いい年になって、人生もなんとなくわかってきた。世界は自分を中心にできていないようだし、それならここで静かに暮らそう。と、海辺のコテージに一人で住むゾルグだったが、ベティと出会い、その生活は一転。ケンカのたびに家中のものを窓からどんどん投げ捨てる彼女は、人生の休暇中だったゾルグを激しく振り回す。だが、それでも、二人は恋に落ちていく。二人の間にあるのは、抱きついたまま、物をなぎ倒していくような激しい愛だった。そんなある日、ベティはゾルグが密かに書いていた小説を見つけてしまう。世界から忘れられたような生活を送る彼にとって、その小説はゾルグ自身の忘れたい夢だった。その小説を読み、彼が天才だと確信したベティは、ゾルグがこんなところで下らない仕事をやっていることに耐えられないと伝える。このせりふは、そのときの二人の会話。世界は思いどおりにいかない、でも愛する人がまっすぐに自分を信じてくれれば、そこが世界の中心になるのだ。(Y)

INFORMATION

自由奔放なベティを演じるベアトリス・ダルが最高にまぶしい！ 1986年に公開され、今もコアなファンが多い本作。どこか別世界にいるような海辺の町と、フランスならではのちょっとした小物も可愛い。

彼女は金じゃ買えない子だ。

プリティ・イン・ピンク／恋人たちの街角

014 / 100

貧富の差を乗り越えるのはたやすいことではない。話し方、所作、食べ方一つ。決して大きなことではないが、それが積み重なって生活の違いになる。学校は残酷にもそんな差を気にせずに、混ぜこぜにしてボックスに入れる。だから、自分で服を作って着てくる子もいれば、ラグジュアリーブランドで頭から爪先まで固めている子もいるのだ。それでいうと、間違いなくアンディとダッキーは前者。ブレーンやステッフは後者になるだろう。レコード屋でバイトをした後は、みんなでライブハウスに飲みに行く前者と、親の豪華な家でパーティを開く後者。そんな明らかな身分の差から、大親友のステッフや友人たちはアンディとブレーンの交際に反対するけど、プロムが二人を引き寄せる。身分なんて関係ないほど彼女は魅力的なんだ！ と言わんばかりのブレーンのせりふ。誰もが言われたいし、信じたいこと。(Y)

INFORMATION

大手メーカーの御曹司ブレーンと、離婚から立ち直れない父親と暮らすアンディの恋愛を描いた青春映画。親友のダッキーも彼女に恋心を抱きつつも、一緒にプロムに行き、潔く身を引くシーンは感動もの。

ASK TO WRITE TO CHECK
DJ
oweezil
ERS

「仕事人間でも君は優しい」
「私を知ってるの？」
「知ってるよ」

ビッグ

015 / 100

13 歳と 30 歳の間の 17 年間。私たちは一体どんな経験をして、どんな成長をするのだろう。働くことを覚えて、人間関係のいざこざの扱い方も慣れてきたり。恋愛、お酒、なんかも覚えたりして。言葉では書き表せないほどの体験をするはずだ。でも、根本の“根”の部分を見てみたら、本当は何も変わっていないのかもしれない。主人公のジョッシュ・バスキンは「ビッグになりたい」という願いが叶ってしまい、目が覚めると身体だけ大人になってしまう。心体のギャップをもちながらも、おもちゃ会社に就職し、重役であるスーザンと恋に落ちる。子供の頃は、恋をすることも、誰かと遊ぶのにもなんの理由も要らなかった。決めるのは、ただ素直に自分がそう感じるかだけで、それは大人になっても変わらないことなのだとこのせりふは教えてくれる。(Y)

INFORMATION

ジョッシュは願いを叶えるマシン「ゾルダー」に大きくなりたいと願うと、次の日には大人の姿に。元の自分に戻るため、ニューヨークでマシンを再び見つけようとするが、同時に大人の世界を経験する。

「ママ、彼が恋しいわ」
「時が癒してくれるわ。仕事をして子どもを育て、
私とやり合っても、傷が消え去るのではない。
傷は残って、指輪のように体の一部になる。
そして、傷があることに慣れてしまう。
慣れるけど忘れはしない」

トーチソング・トリロジー

016 / 100

アーノルドはニューヨークのゲイバーで働く女装芸人。1970 年代、ニューヨークでもまだゲイは特別なものだった。特に厳格なユダヤ系家庭に生まれたアーノルドは、常にゲイであることを否定されて生きてきた。そんな彼が恋に落ちてしまったのがバイセクシュアルのエド。しかしエドは、女性と結婚し自分よりも“世間”が納得してくれる形を選び、去っていく。その後巡り合った年下の恋人アランは、道でホモフォビアに殴り殺されてしまう。このせりふは、家族として愛し合いながらも、ずっと和解することのできなかったアーノルドと母との会話だ。死ぬほど悲しいことが起きたからって、それが報われるかなんて正直わからない。それでも卑屈にならず、胸を張って自分の愛に正直に生きていくアーノルド。その姿がたくさんの人の心を動かす。(Y)

INFORMATION

ハーヴェイ・ファイアスタインが原作・脚本・主演を手がける、彼の自伝的物語。もともとは舞台で、ブロードウェイで上演されトニー賞を受賞している。改めて彼の繊細な表情、演技の幅に魅せられる。

FRIDA

死んだライオンより、生きた犬だよ。

サムシング・ワイルド

017 / 100

実はこれ、「生きている犬は死んだライオンに勝るからである」という、旧約聖書に登場する一節。“百獣の王”と呼ばれる気高いライオンも命がなければ意味がない。数多いる犬であろうと生きていることこそが大事なのだという教訓である。ちなみに反対の意の慣用句を探すとすれば、「腐っても鯛」といったところだろうか。さて本作の主人公チャールズは、副社長への昇進が決まったばかりのエリート会社員。だが、食い逃げや万引きを繰り返す常習犯という一癖ある輩だ。ある日、ダイナーで無銭飲食をしたところをこれまた一癖ある女に咎められる。男は強引に車に乗せられ、旅へと道連れにされる。そして抵抗も虚しいままモーテルへ泊まることになった。酷い二日酔いの朝、モーテルで働くしがない中年男に胃薬をもらう場面でこう声をかけられるのだ。この身なりも粗雑なオヤジが発することがミソなのである。(N)

INFORMATION

出会った破天荒な女、ルルに連れ去られることで突然に始まる旅。そしてアブノーマルなSEX。チャールズは事件に巻き込まれながらも彼女の虜となっていく。コメディかサスペンスかロードムービーか。見る者に委ねられるだろう。

傷つくのが何だ！

セイ・エニシング

018 / 100

卒業とは誰が何と言おうと人生の節目。式では生徒代表として選ばれスピーチをする人もいれば、ただ終わるのを待っている人もいる。大抵の場合後者で、表に出てみんなの前に立つ人は選ばれし秀才。でも、半数以上の人がそのスピーチを聞いていないのも事実だろう。そんな大役を果たした才女ダイアンに恋心を抱く、ロイド。周りの友人たちにも、「高嶺の花だから無理」、「釣り合わない」と言われながらも何とか強引にもデートへとこぎつける。明らかに正反対だが、なぜか惹かれ合っていく二人。将来のことで不安になりながらも、ロイドの怖がっていたら何も始まらないし、今を一生懸命生きようとする姿が、どんどん関係をポジティブなものへと変えていく。「二人がうまくいくなんて誰も思わなかったわね」とダイアンが言うように、傷つくことを怖がらずに挑戦した人だけが、予想外の展開を目にできるのだ。(Y)

INFORMATION

監督は『バニラ・スカイ』のキャメロン・クロウ。ロイド役は若きジョン・キューザックが熱演。実の姉ジョーン・キューザックも姉役で出演しているのも見どころのひとつ。アメリカを代表する青春映画。

1

映画とポップコーン

映画館といえば、ポップコーン。その理由にはスクリーンに投げつけても傷がつかないなど、多くの逸話が存在する。だが実は、映画産業との深い関係性があることを知っているだろうか。起源はもちろん、映画大国アメリカでの話。

19世紀初頭のこと。ポップコーンは南米からアメリカへもたらされ瞬く間に全土へ広まった（1848年には“ポップコーン”という言葉が辞書に登場）。普及したワケは、原料が安く厨房なしで大量生産できることも大きいが、一番はモバイル可能だったこと。移動式の製造機が開発され、路上にはポップコーン売りの姿が見られるように。サーカスやスポーツ観戦など、主にエンタテイメントのシーンにおいて定番スナックとなった。だが、映画館は例外。というのも、19世紀において映画はハイクラスのための娯楽であって、大衆向けのスナックはそぐわない。ボリボリと音を立てて作品を観るなんて下品の極みというわけだ。

しかし1927年にトーキー映画が誕生し、映画は庶民へ向けて“わかりやすい”ものになっていく。ある統計によると、時代は世界大恐慌にありながら、30年には、アメリカ国内の映画館に足を運んだ客数は1週間で9千万人（！）を数えたという。映画館のすぐ外にもポップコーンの販売業者が現れ、館内へ持ち込む客は増えるばかり。「スナック厳禁」の姿勢を譲らなかった映画館のオーナーも、加速する不況の流れを打破するため、ついに館内販売を許可。「ポップコーンを買いにロビーへ！」とCMまで打たれるようになった。さらに、60～70年代にかけてテレビや電子レンジが普及し、家庭でも映画とポップコーンは不動のコンビになったのだ。

このように、ポップコーンはポップカルチャーを語る上でも欠かせない。ボリボリボリ……。さあ、今日は何を観る？（N）

1990

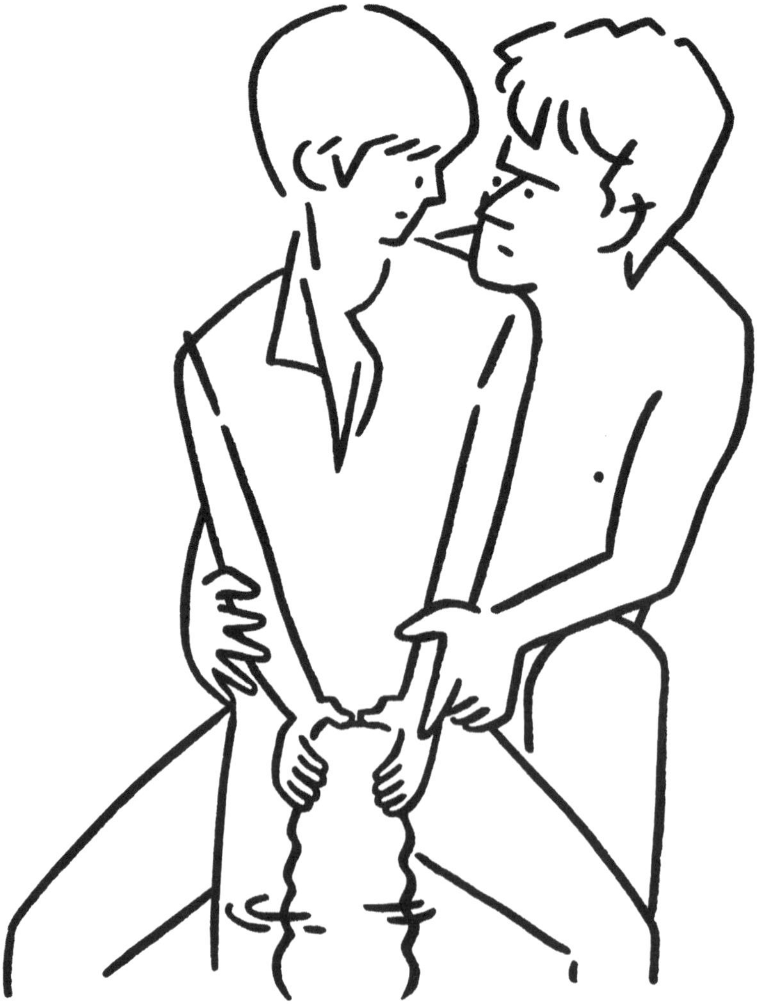

君にもう一度触れることができたら、
どんなにいいだろう。

ゴースト / ニューヨークの幻

019 / 100

同棲を始め、幸せの真っ只中にいるサムとモリー。しかし悲劇は突然訪れる。サムは道で暴漢に襲われ、この世からいなくなってしまう。愛し合う二人は、どんなに幸せでもその時間の儚さを知っている。だからこそ今日も明日も会いたいと思い、お互いに触れて確かめ合いたいのだ。幸せな時が弾けてなくなってしまわないように、自分たちのありふれた奇跡に祝福と不安を感じながら。愛する人と続いていくはずだった人生から突然放り出され、モリーと話すことも、触れることもできず、ゴーストとなって彷徨うサム。自分の体を通して世界を感じることは感動的なことだ。そんなことは空気のように当たり前のことだから、ついつい忘れてしまいがち。愛する誰かに触れることは、そんな根本的な喜びを思い出させてくれる。(Y)

INFORMATION

同棲を始めたサムとモリー、しかしプロポーズをした夜、サムは帰らぬ人となり、ゴーストとして戻ってくる。ニューヨークを代表するラブストーリー。モリー役のデミ・ムーアのあどけなさがたまらない。

バカ言え。こいつは涙だ。

クライ・ベイビー

020 / 100

感情が高ぶると一滴の涙を流す。不良少年ウェイドは、みんなからクライ・ベイビーと呼ばれていた。ライバルグループの一人でお嬢様のアリソンと一瞬にして恋に落ちるが、彼女に恋するボールドウィンをはじめ二人を取り巻く人々はそれが気に食わない。彼らの仲を引き離そうとボールドウィンらが仕掛けたすったもんだの騒動の末、クライ・ベイビーは逮捕されてしまう。仲を引き裂かれ、悲しみに暮れるアリソンは涙の雫を瓶に集めてはそれを飲んだり、ウェイドの子を妊娠したというレノラの嘘を鵜呑みにしてボールドウィンと付き合おうとしたりと振り回されっぱなし。愛する彼女の苦しみを知った刑務所のクライ・ベイビーは、左目の下に涙の形のタトゥーを入れる。「痛いのは平気さ。俺の人生痛みだらけだった」と彼は語る。涙を流せば痛みは消える。でも、もう泣かない。消えない涙の雫は、彼は永遠に彼女のものという証だから。(O)

INFORMATION

ジョニー・デップ初主演作。元ポルノ女優トレイシー・ローズやイギー・ポップなどカルトムービー出身のジョン・ウォーターズ監督らしいキャスティングも楽しい。1950年代のボルチモアを舞台にした青春ドラマ。

出ていくわ。精算して。

プリティ・ウーマン

021 / 100

ある日突然、別れはやってくるものだ。そんなとき、居酒屋での「お会計お願いしま〜す」よろしく、これまでの日々を精算できたらなんてスッキリすることだろう。1日1万円と換算して、2年を共にしたので730万円。プラス、この後3ヶ月は気持ちを整理する時間が必要だから90万円上乗せして……〆て820万円なり、なんて。本作は、ビバリーヒルズで娼婦をするヴィヴィアンと、ウォール街で名を馳せる実業家エドワードの恋物語。ひょんなことをきっかけに、1週間の契約でヴィヴィアンはエドワードが滞在するホテルのペントハウスで過ごすことに。瞬く間にトップレディへと変貌していく様は、まさにシンデレラストーリーだ。ある日、連れ出されたパーティでエドワードの知人に売女呼ばわりされたことに腹を立てた彼女、満期にならない契約を打ち切り別れを告げる。さあ、後腐れなく別れられるものだろうか。(N)

INFORMATION

実業家と娼婦という住む世界の違う二人が出会い惹かれ合う、リチャード・ギアとジュリア・ロバーツ主演の大ヒット作。ちなみに舞台となったのは、「ビバリーウィルシャービバリーヒルズ(フォーシーズンズホテル)」。

もし君がやせたら、自殺してやる。

髪結いの亭主

022 / 100

アントワーヌ少年は理容室に通い詰めていた。目的は、そこで働く女だ。肉付きがよく、きつめの体臭。ブラウスの隙間からチラリと見える乳房の膨らみ。理容室で過ごす時間は、そんな彼女の肉体を至近距離で楽しむことができる甘いひと時なのである。中年になったアントワーヌに、変化はない。今も、遠い記憶の中に生き続ける理容室の女を求め“髪結いの亭主”となることを密かに待ち望んでいる。そして、幼少期にたっぷりと培われたフェティシズムが、ようやく実を結ぶ。寄る辺のない女が一人営む理容室。半ば強引に彼女との結婚へと漕ぎ着けるのだ。閉店後には店で愛撫に明け暮れる日々が始まった。このせりふは、アントワーヌが彼女に言う数々のロマンティックな言葉の一つに過ぎない。女にとっては、この上ない褒め文句だ。しめしめ、ダイエットなんてしないでおこう。(N)

INFORMATION　1991年に日本で公開された初のパトリス・ルコント監督作。本作により監督の名が日本でも広く知られるように。これが機となり、フランスでは本作よりも先に公開された同監督作の『仕立て屋の恋』が、日本では92年に公開された。

L 050
R 051

私を変える気？

この社会と同じ、何も変わらないのよ。

牯嶺街(クーリンチェ)少年殺人事件

023 / 100

少年は未来を変えられると信じ、少女は世界は変わらないことを知っている。1961年の台湾は、太平洋戦争後、中華民国の統治下に入った混沌の最中。学校にも家にも居場所のない少年・小四(シャオスー)は、どこか儚げで大人びた少女・小明(シャオミン)に淡い恋心を抱く。「守ってあげる」と告白をするが、彼女は「誰も要らない」とバッサリ。小明に夢中になる男たちは、貧しく病弱な母を持つ、とらわれた彼女を救いたい一心だ。小四はまた別の少女・小翠(シャオツイ)にも「私が変わらなければ相手にしない？自分勝手ね」と指摘されるのだが、理解することができない。いつだって少女のほうが少年より少し早く大人になるし、純粋すぎる心はあっという間に捻じ曲げられてしまう。不公平な社会の中でも未来を信じることを課された少年は、少女の希望になるために「僕だけが君を救うことができる」と主張し続ける。その声は、完膚なきまでに打ち砕かれてしまうのだけれど。（O）

INFORMATION

1961年、台北で起きた14歳の少年による少女殺人事件をもとにエドワード・ヤンが映画化。1949年、中国大陸での国共内戦に敗れた国民党政府は台湾に渡り、それに伴って移住した張家の次男の思春期の光と影を描く。

L 052
R 053

誰かが君を愛している。

君が誰かを愛していたら、「空は白」と言ってくれ。

俺は「雲は黒」と答える。

それが愛の始まりだ。

ポンヌフの恋人

024 / 100

アレックスは、“人並みの優しさ”を求めていただけだった。恋の始め方も人の温もりも、愛の忘れ方も知らなかった。天涯孤独で、大道芸人をしながらポンヌフ橋で暮らす彼は、失明の危機にさらされながら大失恋で放浪中という散々な状態の画学生ミシェルと出会う。革命200年祭を祝う夜のパリの街で、花火の中狂ったように踊る二人は恋に落ち、不器用なアレックスはその気持ちをメモに託した。晴れて恋人になっても、いつか自分は捨てられ孤独な日々に戻るんじゃないかという不安はアレックスの脳裏から消えることはない。その恐怖が彼を自分勝手でわがままな行動に走らせる。やがて、目が治る可能性があると知ったミシェルは彼のもとを去っていく。「あなたを愛していなかった」という言葉を残して。ミシェルにとっての希望は、アレックスにとって絶望だった。「今日、空は白」とミシェルが言い、「だが雲は黒」とアレックスが答えたように。(O)

INFORMATION

ドニ・ラヴァン演じるアレックスが主人公のアレックス三部作の三作目。レオス・カラックスは本作に37億円の制作費と3年の歳月をかけ、公私ともにパートナーだったミシェル役のジュリエット・ビノシュとは破局した。

「悲観するな。
カードを100枚持ってても勝てるとは限らない」
「男も同じ」

マイ・ガール

025 / 100

少女ベーダは11歳。父は葬儀屋だ。母はベーダが生まれてすぐに他界した。以来、堅物になってしまった父の元に、心を解いてくれる女性シェリーが現れる。惹かれ合う二人に少女は複雑な気持ちだ。ある日、ベーダは二人が出かけたビンゴ大会のデートを覗き見する。このせりふはそのデート中の父とシェリーの会話。要は、男女の出会いをビンゴゲームになぞらえているわけだ。ビンゴの番号が全然当たらない、ツイてないと嘆くシェリー。離婚した元夫はダメ男だったし、男はもう懲りごり。でももう一度愛を求めているのも事実。これは、100枚のカードを手に入れて確率を上げるより、意中の人がただ一人そばにいてくれたら幸せなのに、というシェリーの愛のメッセージなのだ。そしてそれは男に十分に伝わったらしい。人生経験を積んだ男女には、こんな気の利いたジャブを入れるのが有効なのかもしれない。(N)

INFORMATION

父子家庭に育った少女と幼馴染みの少年の友情と恋心を描いた物語。『ホーム・アローン』で一躍人気となったマコーレー・カルキンが少年役を演じている。ちなみに主題歌は、テンプテーションズの『マイ・ガール』。

「彼の死が悲しいですか?」
「ええ、セックスがよかったもの」

氷の微笑

026 / 100

巷でもちらほら聞く、“セフレ”の関係。でも本当に「あんたとはセックスだけ」と、クールに割り切れるものだろうか。事実、「セフレのつもりだったのに、好きになっちゃった。どうしよう」という男子・女子の悩み、聞いたことがある。……だが、この作品では違う。美しすぎて妖しすぎる、シャロン・ストーン扮するキャサリン。この作家はミステリー小説を執筆するネタのためだけに男と寝ることを繰り返してきた。ある日、男が全裸でベッドに縛られたまま滅多刺しにされる事件が起きる。このせりふは、聴取に訪れた刑事ニックとキャサリンの会話だ。妖艶な言葉はサスペンスを際立たせる。そして彼女の次なるターゲットはこの刑事となった。キャサリンが犯人ではないかと疑いながらも、誘惑に勝つことはできないニック。当然だ。こんな美人に言い寄られたら誰が断ることができる?(N)

INFORMATION

美人女性作家のキャサリンと刑事ニックの駆け引きを軸に展開するサスペンス。鏡に映ったセックスシーン、そしてアイスピックで滅多刺しにする冒頭から衝撃的。当時30代半ばだったシャロン・ストーンの妖艶さも垂涎モノ。

おこげに乾杯！

おこげ

027 / 100

ゲイバーで小夜子は皆に祝福される。「おこげに乾杯！」と。“おこげ”をつまみに酒を飲む、ということではない。本作によればホモ、つまりオカマにひっついている女のことを“おこげ”と言うらしい。恋愛対象にならない女であって、女同士のイザコザもないとくれば、さぞかし居心地のいい友情を築けるものかもしれない。だが楽しい一夜限りの飲みの席から一歩踏み入れば、人間模様は虹色にも灰色にもなりうるものだ。小夜子は、ゲイの“発展場”となっている海水浴場で、あるカップルと知己（ちき）になり、行く当てのない彼らをアパートに迎え入れ、奇妙な３人生活が始まる。男同士の美しい恋愛を知るうちに、肉体関係を超越した本当の愛に目覚め始めるのだが……。様々な事情を抱え葛藤しながら生きるどの姿も、繊細で逞しく、美しい。今宵もどこかで「乾杯！」とグラスを合わせる音が聞こえてくる。（N）

INFORMATION

1993年「第２回東京国際レズビアン＆ゲイ・フィルム＆ビデオ・フェスティバル」（現「レインボー・リール東京」の前々身である映画祭）出品作。監督・脚本は、TVドラマ『失楽園』の脚本を手がけた中島丈博。

誰かに惹かれるという現象は、
無意識と無意識が無意識的に反応し合うんだ。
その神経症を"運命"と名付けてるだけさ。

めぐり逢えたら

028 / 100

アニーは迷っている。ウエディングドレスを試着しながら、母親に父親との出会いを聞くと、それは"運命"だったという。アニーの結婚間近の相手とは、同じビルに入る会社に勤務していることがきっかけとなって出会った。でも、アニーが望む運命的な出会いとは程遠いと感じている。この結婚は何かが違うという思いが拭えずにいるのだ。運命とは何か。迫りつつある結婚に焦る彼女は、兄の仕事先を訪ね慌ただしく問うたところ、彼は上のように悠然と答えた。その答えを聞いて、アニーは疑念を払拭するよう自分に言い聞かせるのだが……。兄が言うのは、運命とは自覚のない者同士が自覚のないまま呼応し合う、心の病であるということだ。なるほど、あながち間違ってはいないだろう。しかし、無意識下にある二者の衝突とは、偶然とも捉えられる。つまり、出会いを運命だと思えることが"運命"なのかもしれない。(N)

INFORMATION

妻を亡くした男の息子がラジオ番組に電話をしたことから始まるラブストーリー。監督ノーラ・エフロン、主演のトム・ハンクスとメグ・ライアンの同キャストで、後に『ユー・ガット・メール』が制作された。

L 062
R 063

僕はこれだけで満足だ。
タバコとコーヒー、
それと、少しのおしゃべり。

リアリティ・バイツ

029 / 100

学生はいい。無限にも思えるような時間が目の前に広がっていて、夜な夜な友人たちとこれからの将来のことを語り合える。大人になってもそんな夜を過ごすことはできるけど、大人になるとあんなにあり余っていた時間が急に消えてしまうのだからおかしな話だ。誰にでも平等に、1日24時間と決まっているはずなのに、突然無くなってしまうのだから。その理由のひとつとして、現実の厳しさ（リアリティ・バイツ）が挙げられる。噛めば噛むほど苦味を増していくように、社会のなかにいればいるほど、その大きな車の一つの足として止まることができなくなってしまうのだ。守るものが増え、狭まっていく未来。そんなときは、一度足を留めて考えてみた方がいい、シンプルに何が自分を幸せにしてくれるのかを。(Y)

INFORMATION

1990年代、大学を卒業し社会へと羽ばたこうとする男女4人を描いた青春映画。厳しい現実と、夢の間で葛藤するリアルな姿が共感を呼ぶ。俳優であるベン・スティラーの初監督作品としても知られる。

歩くためのブーツだけれど、
いつかあんたを踏みつける。

ナチュラル・ボーン・キラーズ

030 / 100

ミッキーとマロリーはどうしてこうも気が立っているのか。二人の愛があれば恐いものなど何もないという、史上最悪な大量殺人鬼の夫婦である。無慈悲かつ残虐に殺人と逃走を繰り返す二人は、メディアの報道を通してアメリカの英雄的な存在へと昇華されていくのだが、それにしても、なぜ殺人鬼は音楽を愛すのだろうか。そう、概して映画の中で殺人鬼と音楽は親和性が高いといえる。レクター博士の場合はクラシックだったが、この二人の場合はロックである。人を殺めるその姿は、まるでギターをかき鳴らし、髪を振り乱すロック野郎なのだ。ウエスタンブーツをキメる妻、マロリーは警察の御用になったときでさえ息も切れぎれにこのように歌い、「あんたを踏みつけてやる」という怒りに燃えたぎっている。そして独房では聞こえないはずの音楽に合わせて歌い踊るのだ。音楽は狂気、そして凶器である。(N)

INFORMATION

監督は、アメリカ陸軍に従軍した後、『プラトーン』などを製作したオリバー・ストーン。ちなみに原案はクエンティン・タランティーノ。あまりに過激で残虐な無差別殺人のシーンにより、欧米各国で上映禁止が相次いだ。

もし神が存在するなら人の心の中じゃない。
人と人の間の、わずかな空間にいる。
この世に魔法があるなら、
それは人が理解し合おうとする力のこと。
たとえ理解できなくても、かまわないの。
相手を思う心が大切。

ビフォア・サンライズ 恋人までの距離（ディスタンス）

031 / 100

一人として同じ環境や感性で生きてきた人はいない。そうした人間にとって、他者とのコミュニケーションは、とても重要で努力を要する行為だ。アメリカ人のジェシーとフランスの学生セリーヌは、ブダペストからウィーンへと向かう列車で出会う。きっかけは、ドイツ人夫婦の喧嘩から逃れるためである。国籍、文化、性別、旅の目的も異なる彼らは瞬く間に意気投合し、翌朝までの14時間、ウィーンの街を歩きまわり、ひたすらおしゃべりを続ける。二人は会話からお互いのことを知り、考え方の違いについても目を背けない。誰もが自分の人生と愛する誰かと共に歩む人生を天秤にかけたり、将来に不安を感じたり、答えに行き詰まったりする。そんなとき、たとえわかり合えなくても、わかろうとする人と人との距離の間に神が宿ると信じる、と手探りで語りかけるセリーヌの言葉は、とてつもない光を放ってストンと心に落ちるのだ。(O)

INFORMATION

リチャード・リンクレイター監督、イーサン・ホークとジュリー・デルピー主演の18年に及んだビフォアシリーズの第一弾。小説家を目指すジェシーと、ソルボンヌ大学に通うセリーヌの一晩の恋を描く。

自分よりずっとがんばってるやつに、
がんばれなんて言えないもん……。

耳をすませば

032 / 100

中３の頃に抱く夢といえば、多くは「なれたらいいな。まあ、無理かもしれないけど」という希望的観測程度のものだ。大いなる夢を抱いて日々邁進している少年が同級生にいたとして、そんな相手からの好意を受け取ったとき、少女はどうするか。その人と恋をする土俵にも上がっていないという現在地にハッとし、自己嫌悪に陥り、何者かにならねばとただ焦る。月島雫は、図書館で自分が読んだ本を先に借りていた彼を発見した頃からずっと前を歩き、ヴァイオリン職人になるという確固たる夢を持つ天沢聖司に引け目を感じている。だから、いきなり下の名前を呼び捨てにされても、イタリア留学行きをいの一番に報告されても浮かれることなく、むしろ自信をなくしてこんなせりふをつぶやく。そして、気づく。私も試してみればいいと。夢見がちな少女は、背伸びして、がんばって、やっと現実世界で真っ正面から彼を受け止めることができる。(0)

INFORMATION

柊あおいの少女漫画が原作。純粋で複雑な思春期の心情がリアリティをもって描かれるが、主人公を取り巻く大人たちの見守る姿勢もまた見どころ。天沢聖司の声を、声変わり直前の高橋一生が担当した。

人生は贈り物。ムダにはしたくない。
どんなカードが配られても、それも人生。
毎日を大切に。

タイタニック

033 / 100

ジャックは、身寄りもなくその日暮らしをしながら世界を放浪する、駆け出しの絵描き。イギリスからアメリカへ向かうタイタニック号への三等船チケットも、運良くポーカーで勝ち取ったものだ。政略結婚から逃れるべく冷たい海に飛び込まんとしていた上流階級の令嬢ローズの命を救ったジャックは、婚約者のキャルから一等船客のディナーに招待される。娘についた害虫を取り払いたい一心のローズの母親が、嫌味たっぷりでジャックに訊ねる。「根無し草暮らしに満足なの？」と。すると、彼はこう答えるのだ。まさに、放浪の身のジャックだからこそ言える人生哲学である。好きな道を進みたくても時代がそれを許さなかったローズと、貧しくとも自由な道を歩むジャックが交差したのが、1912年の4月15日に沈んだタイタニック号だった。人生は未知との遭遇。誰と出会い、何が起こるかは誰もわからない。だから、今を大切に生きる。(O)

INFORMATION

タイタニック号の引き上げ作業で、秘宝とされる「碧洋のハート」を身につけた若い裸婦のスケッチ画が見つかる。自分が絵のモデルだと名乗り出た100歳の女性ローズ・カルバートは、昔話を始める。

昔、知ってた人よ。

チェイシング・エイミー

034 / 100

今日もコミケのブースにはサイン待ちの長蛇の列。ホールデンは売れっ子のマンガ家だ。彼が追い求めるのは、陽気で明るくそのうえ魅力的という完璧な女性。そんなオンナがいるわけない……ところが、出逢ってしまった。彼女の名はアリッサ、そしてレズビアン。しかも、際どい下ネタ、3P、問題なし！のアバズレといういわく付き。だがホールデンは本気で恋し、時を重ねるうちアリッサも本物の愛だと気づく。しかし彼女の性的な経験に勝てないというホールデンのコンプレックスが二人の邪魔をする。オトコのつまらないプライドが招いたのは彼女の涙と別れだ。１年後、ホールデンはアリッサをモデルに描いた新作を携え彼女の前に現れる。そして彼女が言ったのがこのせりふ。はて、人生を変えてしまった、人生に一度きりのかつての恋人をこんなふうに言えるだろうか。きっと言えない。でもあえてクールに言ってみたいものだ。（N）

INFORMATION

人気漫画家のホールデンは、あるコミックフェアで女流マンガ家のアリッサと出会う。彼女に一目惚れするのだが、アリッサはレズビアンだった。監督のケヴィン・スミスがサイレント・ボブ役で出演していることにも注目。

ウィンの手が早く治らないよう願った、
幸せだったから。

ブエノスアイレス

035 / 100

ウィンとファイはこれまで幾度となく別れを繰り返してきた。その関係を修復しようと香港から地球の裏側、アルゼンチンへと旅に出る。だがイグアスの滝を目指す途中、道に迷い口論となり再び別れることに。気を紛らわせるかのように他の男と出歩くウィンだったが、愛人に怪我を負わされたことがきっかけで、結局ファイの棲家へと転がり込む。このせりふは、献身的に身の回りの世話をするファイが、後に回想して語った言葉だ。怪我が治らないようにと願うのは、究極的な独占欲である。束の間、穏やかな時間が流れるかに見えたが、一筋縄ではいかないもの。傷が治ったウィンは再び男を求めて出歩くようになる。煮えたぎり複雑に絡み合う二人の心は、まだ見ぬイグアスの瀑布が飛沫を上げ轟々と流れ落ちるのに似ている。(N)

INFORMATION

倦怠した関係をやり直そうと、香港からアルゼンチンへと旅するゲイのカップルの物語。トニー・レオンとレスリー・チャンが主演。監督は香港映画の鬼才、ウォン・カーウァイ。

"ユー・ガット・メール"
街の騒音が消えて、
聞こえるのは心臓の鼓動だけ。
メールが来てる。あなたから。

ユー・ガット・メール

036 / 100

音には不思議な力がある。ガラスが割れる音を聞けば体が自然にこわばるし、サイレンの音を聞けばどこか不安な気持ちになる。小さい頃に子守唄を聴いて眠りについていた人にとって、その曲は心地のよかった子供時代を思い出させる特別なものになる。本作に登場するキャサリンにとってそんな特別な音は、パソコンがメールを受信したときに放つ"ユー・ガット・メール"の一言。今でこそ、SNSの登場で誰がどこで何をしているのか、わかりやすくなったが、ほんの数年前までは連絡を取ること、ましてや待ち合わせをすることは一大事だったはず。だけど、どんな時代であれ共通しているのは、待ちに待った連絡(音)が聞こえたときの、あの飛び上がるような嬉しさだろう。それがたとえ黒電話だろうが、郵便屋さんがポストに手紙を投函する音だろうが。(Y)

INFORMATION

大手書店のオーナーのジョーと"街角の小さな本屋さん"を経営するキャサリン。メールのやり取りを通して、惹かれ合っていくのだが、現実では対立する立場に。ニューヨークが舞台のラブストーリー。

だれも君を本当には愛してない。
君に夢中になってるだけだ、君がステキだから。
でも、それは本当の愛じゃない。

メリーに首ったけ

037 / 100

出会う人のほとんどがメリーに首ったけになる。明るい笑顔、優しい人柄、チャーミングな仕草。その理由はもちろんたくさんあるけど、出会った彼らが一番身にしみて理解しているはずだ。高校生で既にメリーに夢中になってしまったテッド。一緒にプロムに行くことになるのだが、なんとも（想像するだけで痛々しい！）悲惨な事情で行けなくなってしまう。それから13年後、彼女をいまだに忘れられない彼は友人を介しメリーを探すことを決意。しかし、彼女を監視していた調査員、ピザの配達員、長らく友人だと思っていた人までもがメリーに首ったけになっていくのだ。ライバルとして互いを蹴落とすのに必死な彼らをよそに、メリーの本当の幸せを願うテッド。大泣きしながら彼女のことを想って下す勇気ある決断こそ、本当の愛なのだ。(Y)

INFORMATION

メリーを演じるキャメロン・ディアスの魅力が満点のロマンティック・コメディ。優しい冴えない同級生役のベン・スティラーに起こる"ジッパー事件"は目を隠したくなるほど悲惨だが、笑ってしまう。

じゃ、私を逃してよ。

黒猫・白猫

038 / 100

ドナウ河の岸辺でその日暮らしをする、自称“ダマしの天才”のマトゥコは、バクチ好きで一攫千金ばかり狙うダメ親父。石油列車強奪を企てるも失敗。悪徳ギャングのボス・ダダンへの借金と引き換えに、17歳の息子ザーレとダダンの妹アフロディタとの結婚を勝手に承諾してしまう。おてんば娘のイダに夢中のザーレはもちろん、周りから“てんとう虫”と呼ばれる身長1メートルのアフロディタも、政略結婚なんてしたくはない。だが、二人の思いとは裏腹にダダンとマトゥコは式を強行。アフロディタはザーレに抜け道を聞き、テーブルの下へ潜ると、小さな体を駆使して箱から樽、切り株へとかぶり物を変え、式場から脱走を試みる。偽りの結婚から逃れ、真実の愛を求めて。これは、人間の本能的な欲求である。生と死、幸と不幸、光と影が介在し、常に喜怒哀楽で揺れていることこそ、人間らしさなのだと、本作は教えてくれる。(O)

INFORMATION

マトゥコは、ロシアの密輸船から石油を買うが、見事に騙されて大金を失う。困ったマトゥコは、“ゴッドファーザー”ことグルガに資金援助を乞うが……。エミール・クストリッツァ監督が政治性を排して挑んだ作品。

私もひとりの女よ、
好きな男の人に愛してほしいと願ってるの。

ノッティングヒルの恋人

039 / 100

もし恋人が有名人だったら。なんて誰もが一度は想像してみたことがあるはず。アナ・スコットはハリウッドを代表する大女優。街を歩けばそこら中に彼女の顔が写った広告があり、レストランでは奥のテーブルで、男たちが彼女のあることないことで盛り上がっている。場所は変わり、イギリスのノッティングヒル。冴えない旅行専門書を扱う本屋を営んでいるウィリアム。ひょんなきっかけでアナと出会い恋に落ちていくのだが、それと同時に互いの生きる世界の違いを痛感する。このせりふはアナが覚悟を決め愛の告白をするのだが、傷心中のウィリアムに断られた際に言うもの。どんな有名な女優であろうが、エリザベス女王でさえ、結局は一人の人間。そんな当たり前だけど忘れがちな愛おしさを気付かせてくれる。(Y)

INFORMATION

イギリスのノッティングヒルで本屋を経営する、シャイで物静かなウィリアムと、ハリウッドの大女優のアナが恋に落ちていくラブコメディ。イギリス人とアメリカ人というお国柄の違いも見どころの一つ。

今日という日は、
残りの人生の最初の日である。

アメリカン・ビューティー

040 / 100

平凡な暮らしというのは果たして存在するのだろうか。幸せそうな家族に「いつも幸せそうでいいですね」と他人が言うのはよくあることだが、果たして本当のところは？ レスターは広告代理店に勤めるサラリーマン。妻に娘、広い家と条件だけ見ると幸せそうな家庭だが、その実体は高校生の娘の同級生に恋をするお父さん。妻はと言うと、胡散臭い不動産屋と不倫に励んでいる。そんな二人に嫌気が差す反抗期の娘。レスターはそんな“幸せそうな家庭”を演じるのに疲れ、本当に自分が求める幸せのために動きだす。高校生への禁断の恋という、常識を吹っ飛ばした彼の決意は強く、ある意味たくましくもある。長い間築いてきたものを捨てるのは容易ではないが、新しくスタートすることはいつだって不可能ではないのだ。(Y)

INFORMATION

アメリカに住む中流階級の家族を通し、国が抱えている、ドラッグ、同性愛などの問題を浮き彫りにするヒューマンドラマ。衝撃的なエンディングも見どころ。監督は『007/スカイフォール』のサム・メンデス。

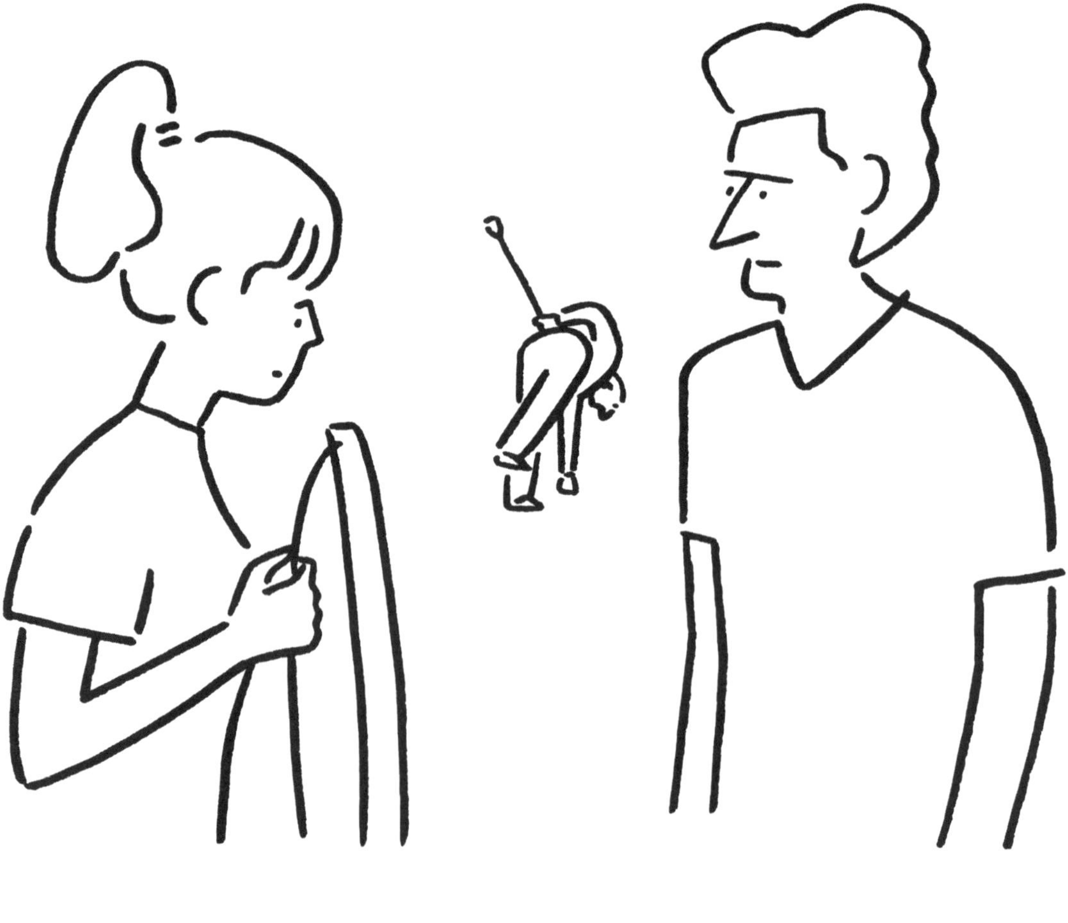

「プロムに」

「それは…」

「一緒に行こう」

「いやよ」

恋のからさわぎ

041 / 100

アメリカ映画の中において、とっても羨ましいと思う文化の一つがプロム。卒業式として成立しているこの行事は、男と女がペアになって出席する。大抵の場合、男の子が勇気を出して意中の子を誘い、家へと迎えに行く。彼女のお父さんからしっかり釘を刺されながらも、ドレスアップして見違えるほど綺麗な彼女の手を握り、車で去っていく、というのがお決まりのパターン。会場では、スローダンスなんか一緒に踊っちゃったりして、必ずといっていいほど何かワクワクすることが起こる。だから、誘われたらもう天にも昇る気持ちに……。と思うのだけど、通用しない子もいるというのを知っておくのも大事だろう。プロムのことを「くだらない伝統」としか思っていないキャット。最後の切り札にとっておいた「プロム」と言おうもんならば、断りの返答は早い。そんな素直になれない彼女がチャーミングでもあるんだけど、誘う方にもそれなりの理由があったみたいだから、今回のプロムはすこーしいつものとは違うみたい。(Y)

INFORMATION

素直になれない姉キャットと、学校でアイドルのような人気を誇る妹ビアンカを中心に繰り広げられる青春ラブストーリー。『ダークナイト』であまりにも有名なジョーカー役を演じた、今は亡きヒース・レジャー主演作品。

2

あの最強カップル

枚挙にいとまがないほど、映画の中に登場するどのカップルも個性的で魅力があるものだ。例えば、『プリティ・ウーマン』no.21のコールガールと実業家のカップルは、まさにシンデレラストーリーの金字塔を打ち立てたし、『ビフォア・サンライズ』no.31では大学生の二人が出会い、その後三部作に渡って中年になるまでが描かれた。恋愛映画では珍しい“シリーズもの”という点でも注目すべきカップルだ。

だが、大いなる独断と偏見をもって、“最強カップル賞”は『ナチュラル・ボーン・キラーズ』no.30のミッキーとマロリーに贈りたい。狂気的な純愛を貫くこの大量殺人鬼カップル。まず、二人の結婚式が最強なのだ。橋の上で、誰にも見守られることなく誰の許可も必要とせず、ナイフで切りつけた掌の血を合わせ、永遠を誓い合う。そもそも、紙っぺらに判を押したり、第三者による「誓いますか?」という問いに同意しなければ確信を得られない“結婚”なんてものが、どれだけ薄っぺらなものかと思わされる(婚姻歴のある方々、失礼!)。さらにミッキーが用意した、蛇がモチーフの結婚指輪を見れば、ダイヤなんて何の意味もなさない、ただの石。本作は、極悪非道で思わず目を覆いたくなる殺人シーンも多い。念のため断っておくけれど当然ながら、愛のためなら何をしてもいいという話ではない。

私たちは少なからず他人の意見に振り回されて流されて、世間体を気にして生きているものだろう。「自分で決めたことくらい、自分でケリをつけなよ」。そんなミッキーとマロリーの声が聞こえてくるのだ。誰かに訊かないと決められない人生なんてもったいないから。(N)

2000

バンドマンとは本気でつき合わないわ。
こっちが傷ついて楽しめないから。
寂しいときはレコード屋に行ってヒマつぶしするの。

あの頃ペニー・レインと

042 / 100

ペニー・レインは、グルーピーではない自分にプライドを持ちながらも、どこかで男たちに利用される存在だとわかっている。年齢も本名も明かさない彼女は、自身を追っかけではなく、音楽にインスピレーションを与えるバンド・エイドと主張する。新進バンド「スティル・ウォーター」のギタリスト、ラッセルと恋に落ちたペニーは、ツアーを通じて彼との蜜月を過ごすが、本命の彼女の登場により捨てられ、睡眠薬で自殺を図る。本人の主張はどうあれ、バンドから見ても外野から見てもペニーは間違いなくグルーピーであり、バンドマンとセックスをしたくて群がる、特別かわいい女の子の一人でしかない。そんな中、彼女をミューズとして、仲間として、愛すべき唯一の女性として見つめるのは、純粋に音楽を信じ、ジャーナリストとしてツアーに同行する15歳の少年・ウィリアムだけ。だから、ペニーは彼にのみ、本心を打ち明けるのだ。(O)

INFORMATION

1973年が舞台の、キャメロン・クロウ監督による半自伝的青春映画。ロック好き少年ウィリアムが思いを寄せるペニー・レイン(ケイト・ハドソン)も、実在するペニー・トランブルという女性がモデル。

人は変わるものだけど、

あなたはそれを許さない。自分にも。

ハイ・フィディリティ

043 / 100

「男は結婚するとき、女が変わらないことを望む。女は結婚するとき、男が変わることを望む。お互いに失望することは不可避だ」と言ったのは、アインシュタインだが、これは男女関係をめぐる永遠のテーマである。中古レコード店を経営するロブは、同棲していた恋人ローラに突然出ていかれた理由がわからない。ローラが答えとして、このせりふを残してもきょとんとするばかり。しかも、これまでの"失恋体験トップ5"をリスト化し、元カノらに自分の何がいけなかったのかを聞いて回るという愚行に走る。文科系男子は時に、文化を愛するあまり、(自分が何者であるかはさておき)そうでないものに対して上から目線になってしまったり、痛い大人になりがちなのかもしれない。ロブがなりたい職業をリスト化したメモが、まさにそれを象徴している。具体的な固有名詞か肩書のある職業だらけなのに、このジャンルは除くなど選り好みとこだわりは激しい。でも、事実ロブはそのどれにもなれてはいないのだから。(O)

INFORMATION

原作は、ニック・ホーンビーの小説。シカゴで小さな中古レコードショップのオーナーをする30代のロブは、音楽へのこだわりが強すぎるためか店はあまりパッとせず、同棲中のローラとも中途半端な状態で……。

最初は単なる興味で。

今わかった。

次第に想いが募る。

お願いがある。

心の準備を。

花様年華

044 / 100

それぞれ家庭を持つ貞淑な男と女は、幾度も会って食事をする。そこには不器用な二人による少しの会話と、熱を持った絡み合う視線だけが存在する。彼らがスクリーンの中で体を重ねることはない。重ねるのは手と肩だけ。男と女はそれぞれの連れ合いが不倫をしていると気づいたことから、互いにしか分かち合えない時間を共有するようになる。戸惑いつつ惹かれ合う彼らに、観ているこちらももどかしさが募っていく。そして、寡黙な男、ミスター・チャウことトニー・レオンの唇からこの口説き文句が出た瞬間に、心身ともにノックアウトされ倒れ込んでしまうのである。原題『花様年華』は、蕾から散るまでの花のように美しい年月を差すが、英題『In the mood for love』は、ウォン・カーウァイ監督がブライアン・フェリーのカバー曲『I' m in the mood for love』から引用したもの。曲はこんな感じで始まる。「僕は恋に落ちた気分だ。ただ君がそばにいるだけで」。(O)

INFORMATION

舞台は1962年の香港。偶然、同じ日にアパートの隣人となった新聞記者ミスター・チャウと商社の秘書ミセス・チャン。やがて二人は、互いの伴侶が不倫関係にあると気づく。ウォン・カーウァイ監督が描く大人の愛。

今年は減酒すること、禁煙も。
新年の決意を守ること。

ブリジット・ジョーンズの日記

045 / 100

30歳に近づくと、自然に人生の岐路に立たされる。それは、自分なのか周りの変化なのかはわからないけども、確実な変化がそこにはある。ブリジットは32歳の独身。この2つの事実だけでその変化に気づくことができる。“30代、独身”という特別なラベルがあるのだ。結婚、子供、仕事、人生の重み。タバコにお酒、標準体重よりも少し大きな身体を持った彼女は、このままでは一生一人のままかもと不安になり「今年こそは！」と気合いを入れてみるものの相変わらず、体重は64キロ。周りからの「結婚は？」「そろそろ時間切れなんじゃない？」といった嫌味攻撃にも負けずに、等身大のままぶつかっていく。がむしゃらになることを格好悪いと思っている、すべての女子たちに告ぐ、がむしゃらは愛らしいのだ。(Y)

INFORMATION

独身女性、ブリジット・ジョーンズ。32歳になり、恋愛に燃える彼女は、上司のダニエルと、弁護士マークとの間で揺れ動く。ブリジットのチャーミングな言動に思わずほっこりするラブコメディ。

「何しに来たの？」
「驚いたな、きれいだ」

愛しのローズマリー

046 / 100

主人公のハルはチビで小デブ。だけど、そんなことは御構い無しで、女の子を選ぶ基準は問答無用に外見。というのも、死に際に父が残した「とびきりの美人をモノにしろ」という遺言がずっと彼の中に残っているからだった。しかし、ひょんなきっかけでカウンセラーに催眠術をかけられてからは外見ではなく内面しか見えなくなってしまう。その人がたとえどんなに太っていても、どんなに醜くても心がきれいであれば美人に見えてしまうのだ。そんな彼が好きになったのがローズマリー。とっても優しいけど、ディナー中にレストランの椅子が壊れてしまうほどの巨体。それでも、ハルは彼女のことをとびっきりの美人に見えてしまうのだから、恋は盲目。と、言いたいところだけど、これはただの催眠術。でも、このせりふは催眠術が解かれた後に言うもの。恋に落ちることは、催眠術にかかることとそう変わりはないのかも。（Y）

INFORMATION

ジャック・ブラック演じるコミカルなハルと、催眠術中だととっても美しいローズマリー役にグウィネス・パルトロー。チグハグな二人のツーショットが愛らしい。特殊メイクの巨体も見どころの一つ。

YANKEE GO HOME
WITH ME!

私は自分の片割れを捜したいの。
でもそれは男？女？

ヘドウィグ・アンド・アングリーインチ

047 / 100

私たちは、いつも自分に足りない“何か”を探している。人とはそういうものなのだろう。生まれたときからずっと、一人では不完全だ。少なくとも、不完全だと感じるようにできていなければ、人との関係が成り立たない。そして、その不完全さを補うために恋をし、愛し愛されようとするのかもしれない。でも、自分に足りない何かが「男か女か？」ということは、普通＝ノーマルな者にとってあまり問題ではないだろう。本作の主人公、ヘドウィグはかつて男だった。彼(彼女）の体にとって邪魔モノだったペニスは、性転換手術によって切り落とされた。だが手術のミスによって、股間には“怒りの１インチ”が残されたのだ。それをロックミュージックにのせて歌うヘドウィグは、男か女か。そして、それは誰が決めるのか。魂を感じるとき、人には男も女もない。ヘドウィグを見れば、“何か”を探し続けたいと思うだけだ。(N)

INFORMATION

1997年にオフ・ブロードウェイで上演、2001年に映画化された。ヘドウィグは性転換手術を受けたロック歌手。手術に失敗し股間に残された“怒りの1インチ”＝アングリー・インチは、彼(彼女)のバンド名である。

俺の中には力がみなぎっている。
一生に一度の恋を。とてつもなく強くなってる。

パンチドランク・ラブ

048 / 100

7人の姉を持つバリー。家の集まりがある日には、姉たちからパーティへの出欠を確かめるための電話が会社で鳴りっぱなし。いざ、パーティに行けば、ゲイとからかわれ、それにキレてハンマーでガラスを叩き割った時のことなど、聞きたくない話ばかり。しまいには、こっそり精神が不安定だと姉の旦那に相談してみるのだが、その噂もすぐさま広まっている。逃げ場のない想いがバリーを襲う。しかし、そんな彼でも好きになってくれる人が現れる。(残念なことに)姉の職場の人なのだが、彼女と付き合いだしてからというもの、彼の中で何かが変わり始める。航空券のマイルを貯めるというヘンテコな理由で買い漁ったプリン、感情が抑えられず、トイレで暴れてデート中にお店を追い出されることもある彼を、リナは受け止めてくれる。思いつきでかけてしまったテレフォンセックス会社からの脅迫も、守るものができたバリーには屁でもないのだ。(Y)

INFORMATION

純粋だけど不器用なバリーと、心優しいリナの異色なラブストーリー。青いスーツに身を包んだバリー役の弱気なアダム・サンドラーが絶妙。監督は『マグノリア』のポール・トーマス・アンダーソン。

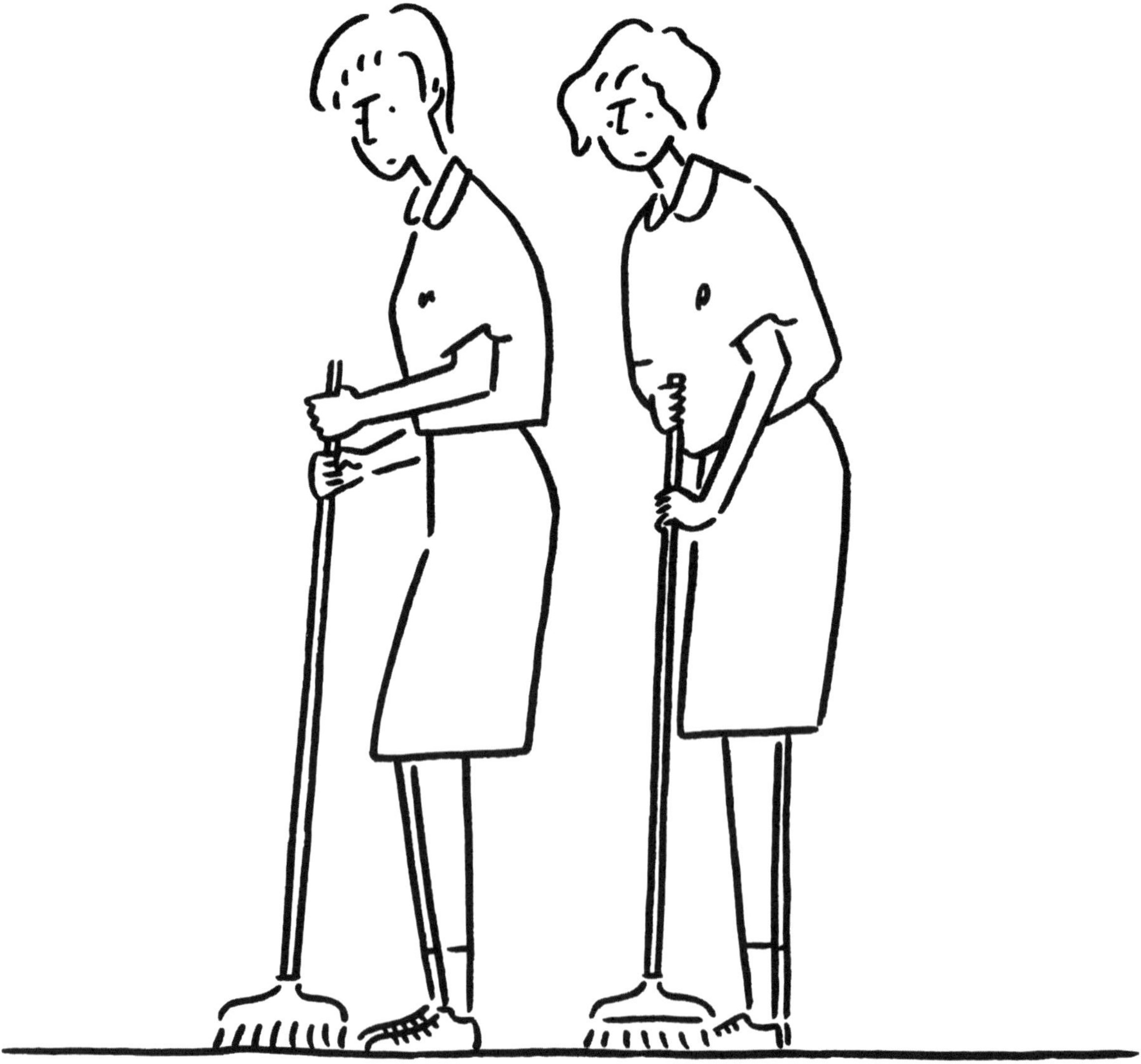

男性は女性が好き。女性は男性が好き。

藍色夏恋

049 / 100

恋を知る年齢は人それぞれで、それが恋かどうかも後からわかるものだったりする。高校生のモンは、複雑な思いを秘めていた。親友リンに「水泳部のチャンが好き」と打ち明けられてから、話は彼のことばかり。チャンの写真で作ったお面をモンにかぶせて抱き合ったり、彼の忘れ物を勝手に拾ってきたりとかなり突っ走っているわりに、本人を前にすると恥ずかしがって目も合わせられない。勝気なモンが親友の恋の橋渡しをすべく話しかけると、チャンはモンに惹かれ始めてしまう。なぜなら、いつも彼の視界にモンはいた。「さそり座、O型、水泳部とギタークラブに所属！」と自己紹介を繰り返すまっすぐなチャンにモンも心を開いていくが、好きなのは彼じゃない。チャンを見つめるリンを、モンはいつも見ていた。でも、いつか男性を好きになる日も来るのかもしれない、そうモンは想像してみる。そう、未来は誰にもわからないのだから。(O)

INFORMATION

原題は、藍色大門（Blue Gate Crossing）。17歳の少年少女たちの淡く切ないひと夏の恋を描いた青春映画。本作で映画デビューした新人時代のチェン・ボーリン、グイ・ルンメイの初々しく瑞々しい演技がたまらない。

「試合の後で話があるの」
「今も話してる」
「あなたがね、私は違う」

トーク・トゥ・ハー

050 / 100

愛する人が昏睡状態に陥ってしまったら、誰もが話すことを躊躇するはずだ。「おはよう」という挨拶にも眠っているような顔をされ、「さよなら」と言うときにも同じ表情だったら、どうコミュニケーションをとっていいのかわからなくなる。愛するリディアが事故によって意識を失くしたとき、マルコは彼女に話しかけることを諦める。反応のない彼女に一方的に話しかけることを、とても虚しいと感じてしまうのだ。一方、ベニグノは意識のないアリシアに話しかける。彼女のために、彼女の好きな舞台や映画を見に行き、興味を絶やすまいと努力し続ける。反応が返ってこないことは、彼にとって話しかけることをやめる理由にはならない。なぜなら、それは話しかけることが彼にとっては愛することで、その気持ちが唯一の希望だから。（Y）

INFORMATION

昏睡状態に陥った二人の女性を愛す男性の物語。闘牛士だったリディアの事故のシーンは手に汗握るほどリアル。ピナ・バウシュの舞台、カエターノ・ヴェローゾの歌声が物語の切なさを際立たせる。

帰れ……。
帰れって言われて帰るようなやつは、はよ帰れ！

ジョゼと虎と魚たち

051 / 100

素直になりたくても強がってしまう。無愛想で、わがままで、寂しがりで意地っ張り。ジョゼはそんな女の子だ。サガンの小説の主人公になぞらえて自らをジョゼと呼び、足は不自由でも車椅子は使わない主義。面倒を見てくれている婆ちゃんは、彼女を「こわれもの」と呼び、乳母車で人気のない早朝散歩に連れ出す。まるで深海に潜むお姫さまである。そんなジョゼを見つけたのは、太陽の下でのびのびと青春を謳歌する王子さま。弱くてズルくて優しい大学生、恒夫くんだ。偶然の出会いから、ジョゼの作るごはん目当てにアパートを訪れていた彼は、婆ちゃんが亡くなったと聞いて慌てて駆けつける。ジョゼに「帰れ……」と睨み顔を見せられ帰ろうとするのだが、彼女の本音は「おって……帰らんといて」でしかない。いつか失うことがわかっていても、しがみつきたい。また一人になっても、前いた場所に戻れなくてもいい、そう思えたのだから。(O)

INFORMATION

田辺聖子の小説を犬童一心監督が映画化した切ないラブストーリー。雀荘で働く大学生の恒夫を妻夫木聡が、足の不自由なジョゼを池脇千鶴が演じ、日本のミニシアターから韓国までジョゼ虎ブームに沸いた。

TO ME, YOU ARE
PERFECT

この世には、愛が満ちあふれている。

ラブ・アクチュアリー

052 / 100

なんとポジティブでありふれた言葉だろうか。だがその一方で、世間からは「この世はなんとも虚しい」という声も聞こえてくる。ポジティブでありネガティブ、そのどちらも併せ持っているのが人間社会なのだろう。ただ、少しでもポジティブに肩入れした方が生きやすいことは間違いない。そう、本作は、英国首相に就任したばかりのデイヴィッドによるこのせりふで幕を開ける。ヒースロー空港のシーンに映るのは、家族、友人、恋人……千差万別の別れと出会いだ。抱き合う人々の顔を眺めれば、愛に溢れているとしか言いようがない。映像が作られたものだとわかっていながら、やはり心動かされてしまうのである。それはきっと、人なら誰しも愛とは何かを知っているから。いつだって人間は複雑で単純だ。そして時に世界は広くて狭い。相反する見解こそ愛を深めるきっかけになればいい。ポジティブで何が悪い！(N)

INFORMATION

ロンドンを舞台に、19人の男女が織りなす9通りの恋愛の形が描かれる群像型ロマンティック・コメディ。『ノッティングヒルの恋人』の脚本を手がけたリチャード・カーティスの初監督作。

楽しくないよ、この街は変わってる。

ロスト・イン・トランスレーション

053 / 100

初老のハリウッド俳優、ボブはテレビCMの撮影のため来日し、同じホテルに滞在するシャーロットと出会う。彼と二回りも三回りも歳の離れた彼女は大学卒業後に結婚したばかり。仕事で来日した夫についてきたのだが､忙しく立ち回る彼に距離を感じ孤独を抱えている。ボブもまた、子供の“父親”でしかなくなった、長年の結婚生活に寂しさを感じていた。慣れない“TOKYO”という街で、二人は距離を縮めていくのだが……。国際電話をかけてきた妻に「東京はどう？」と訊かれたボブは上のように答えた。確かに、東京ってヘンな街である。世界各国のカルチャーが混然となった飲食店にファッション、音楽……。でも雑踏を占める多くの顔はやはり“日本人”だ。外国人の目にこの街が奇妙に映るのは容易に頷ける。でもきっと､ボブとシャーロットにとってはどの地にいても違和感があるのではないか。心に空洞がある限り。(N)

INFORMATION

本作をもってソフィア・コッポラはアメリカで最も注目される若手監督となった。東京に滞在したことのある監督自身の体験を基に描いた、半自伝的な作品でもある。

俺を裏切った、最低の女だ。
大嫌いだ、憎んでやる。

ブラウン・バニー

054 / 100

本作は冒頭から極めてせりふの少ないシーンが続く。別れた恋人の姿を追い求め、男はひたすら車を走らせアメリカを横断する。旅の道すがら出くわす女たちに声をかけるのだが、やはり虚しくなるのか、事が起きることはない。土地を変えながらも淡々と流れる景色に、葛藤と悲しみを湛えた男の心情が描かれていく。実は、恋人は既にこの世にいない。パーティでアルコールとドラッグにまみれ、レイプされた結果、帰らぬ人となった。男は現場を目撃したものの、狼狽えて助けることができなかったのだ。その一連の出来事が物語の終盤で暴露され、静けさは突然にして覆される。このせりふは、幻として姿を現した彼女にペニスを咥えさせ、果てたその後に男が吐き捨てた言葉である。と同時に、「女を裏切った、最低の俺だ。大嫌いだ、憎んでやる」という自責の言葉としても受け取れる。男の憎悪が消える日はやがて来るのだろうか。(N)

INFORMATION

『バッファロー '66』に続く、ヴィンセント・ギャロ監督作。実際に行ったオーラルセックスのシーンは衝撃的。主演のヴィンセント・ギャロとクロエ・セヴィニーは実生活でも交際していたことがある。

「君に消されてもずっと愛してた」

「知ってる」

「今度は違う。またやり直せたら」

「私を覚えていて。お願いよ。信じてる」

エターナル・サンシャイン

055 / 100

消したい過去は誰にでもあるだろう。主人公のジョエルが喧嘩した後に、勇気を出して恋人のクレメンタインに会いに行くと、彼女は彼をまるで知らない人のように振る舞った。恋に落ちて、一緒にいろんな場所に行って、笑ったり喧嘩したり、小さい頃のコンプレックスを共有したり。たくさんの時間を過ごしてきた恋人との別れが辛いのは当たり前だ。もし記憶除去手術というものが実在していたら、きっと長蛇の列になるだろう。お互いの記憶を脳から除去したのに、また出会い、恋に落ちていく二人。手術前に録音されたテープには飽き飽きした相手への文句ばかり。それでも、同じことになるとわかっていても、私たちはまた恋に落ちるのだ。人生は計画通りにいかない、自分たちの感情に嘘はつけないのだ。(Y)

INFORMATION

MVを得意とするミシェル・ゴンドリーの長編映画。ユニークな脚本には『マルコヴィッチの穴』で注目されたチャーリー・カウフマンも参加。平凡でシャイなジョエルを演じるジム・キャリーも新鮮。

最後の"最初のキス"を。

50回目のファースト・キス

056 / 100

最後の最初のキス。なんだか言葉遊びみたいな響きである。最初で最後のキスはありそうだ。でも、このせりふのようなキスってあるんだろうか。そういえば「キス」という言葉は、これでもか！というほど様々な形容で彩られる。溶けるようなキスに濃厚なキス、熱いキス、キスの雨……。だけど、"最後の最初のキス"を経験したことがある人っている？　本作の場合はこうだ。ルーシーは１年前に事故に遭い、毎朝記憶が事故の起きる前にリセットされてしまう脳の後遺症を抱えている。恋に落ちたとしても翌日には忘れてしまうというわけだ。だから何度でも初めてのキスを味わえる。そして別れは当然、最後の最初のキスとなる。ややこしいけれど、ロマンティックで少し羨ましくもある。だから、ルーシーのように「最後の"最初のキス"を」と彼女にねだられたら、誰も経験したことのないキスを体験できる貴重なチャンスってことだ。(N)

INFORMATION

ハワイの水族館に勤める獣医でモテ男を演じるアダム・サンドラー主演のラブコメ。ちなみに、登場するアザラシやペンギンなど、動物たちの演技も超一流。さすがハリウッド！

L　120
R　121

パパは… どこにいたっけ。

イカとクジラ

057 / 100

10代の頃は、どうしても親から影響を受けてしまうものだ。それが反面教師であっても。そして、両親の喧嘩ほど、子どもに精神的苦痛を与えるものはない。大人の都合に振り回された子どもは、ストレスをどうにか解消しようとする。両親の離婚からそれぞれの家を往復する生活を余儀なくされた16歳の兄ウォルトは、ピンク・フロイドの歌詞を盗作して発表し、12歳の弟フランクはビールを飲むことで小さな暴走を始める。物語の核となる、頭でっかちなパパと兄ウォルトと、自由奔放なママと弟フランクの対立構図は、いつに始まったことなのだろうか。セラピストに、昔のいい思い出を聞かれたウォルトは、幼い頃、母とイカとクジラの格闘のジオラマを怖がりながら見たことを思い出す。当時の二人は、友達みたいに仲が良かった。記憶の中に、父親の姿は不在だ。この母VS父の格闘を、正面から目を開けて見たとき、この離婚劇は全く違う印象を与えるのだ。(O)

INFORMATION

元人気作家で今は落ち目の大学講師バーナードと、新進気鋭の作家ジョーンは離婚を決意し、二人の息子にそのことを告げる。ブルックリンを舞台にした、ノア・バームバック監督の自叙伝的ヒューマンコメディ。

僕は女性を尊敬し愛してる。
尊敬するあまり近づけないんだ。

40歳の童貞男

058 / 100

まもなく40歳になるアンディは困惑していた。同僚との下ネタ談義で、女性の胸の感触を「まるで砂が詰まった袋みたい」と言ってしまったのである。そして、「まさかお前、童貞なのか!?」と驚きながらも妙に納得する悪友たちによる、ロスト・ヴァージン計画が始まった。ナンパの手ほどきを受けたり、聞きたくもない経験談を聞かされたり。これまでフィギュアとテレビゲームに囲まれた“ネバーランド”で一人穏やかに生きてきたアンディが窮地に追い込まれて、童貞男の言い分として放つのが、この一節だ。たとえオタクであっても、紳士的で、優しく、家事もこなし、真面目に働くアンディは、恋愛相手として問題のない男である。彼には、女性と関わるコミュニケーション能力と勇気がなかっただけだ。お節介だったとしても、悪友たちがアンディを女性の住む世界へと放り込んでくれたおかげで、彼は“ネバーランド”から卒業して恋ができたのだ。(O)

INFORMATION

40歳を前に童貞であることがバレたアンディ。向かいの店で働くトリシュに恋をするが……。アメリカ・コメディ界の第一人者、ジャド・アパトーの監督デビュー作。主演スティーヴ・カレルも脚本で参加している。

男は物事を四角く見る。女は物事を丸く見る。

エリザベスタウン

059 / 100

有名デザイナーのドリューは、巨額の資金を投資した一大プロジェクトに失敗し、会社を解雇される。追い討ちをかけるように彼女にもフラれてしまう。絶望の淵で、もう首をくくるしかない。そう決めたとき、一通の知らせが届く。父親が死んだという訃報である。何か風向きが変わる予感だ。そしてドリューは父の故郷へ向かうフライトの中で、底抜けに明るく（しかも馴れ馴れしい）キャビンアテンダント、クレアに出会う。これは、おしゃべりの尽きない彼女が言ったせりふ。男は四角、女は丸い。はて、体型か。いや当然そういうことではない。要するに、男＝論理的、女＝感情的、という世間にまかり通った二元論みたいなものなのだろう。それにしても何かにつけて人は「男は□□、女は○○」と決めたがるもの。というわけで、この言葉は極めてフツーなのである。そんな意味でもフツーの人間の腑に落ちるのだ。（N）

INFORMATION　本作の舞台はケンタッキー州のエリザベスタウン。劇中では、テンションの高い女を演じるキルスティン・ダンストがいい味を出している。ちなみに本作のキャッチコピーは「すべてを失った僕を、待っている場所があった」。

あなたを満足させるたび、
本当は自分が嫌いになるの。

ONCE ダブリンの街角で

060 / 100

無理をすれば無理が生じる。相手の幸せのために自分を不幸にしては本末転倒だ。気遣いのさじ加減も間違えば、味気なくも塩辛くもなるというもの。いかにも男女の関係は複雑である。本作に登場する男と女もそんな葛藤を抱えて生きている。タイトルの通り、ダブリンの街角で物語は始まる。ストリートでギターをかき鳴らし歌う男。そこへ花売りをしているチェコ移民の女が声をかける。その日暮らし同然の生活で、母親と幼い娘を一人養う彼女。仕事の息抜きに、楽器屋にある売り物のピアノで一曲弾かせてもらうのが日課だという。男は女が奏でるピアノと声に魅了され、意気投合した二人は本格的に楽曲のレコーディングをスタートする。レコーディングの合間に男が「自分で作った曲を聞かせて」とリクエストすると、彼女は歌い始めた。上の言葉はその歌詞の一部。母国チェコにいる夫のために作った曲が切なく響く。(N)

INFORMATION

主演のグレン・ハンサードとマルケタ・イルグロヴァは、実際に「The Swell Season」という名で活動するミュージシャン。映画で使用されたオリジナル曲のすべてを作曲・演奏した。

そうね。自分の人生なんだもの、
主役は自分自身であるべきなのよ。

ホリデイ

061 / 100

人はみな“場所・時間・人”に縛られながら生きている。だが、そのどれかが変化したとき、何かが起きるものだ。さて、ハリウッドで会社を経営するアマンダは豪邸に住むセレブ。だが仕事に明け暮れ、彼には浮気をされる始末。一方、ロンドンの新聞社に勤めるアイリスは質素な一軒家に住んでいる。彼女もまた一つの恋にケリをつけようとしていた。恋人に二股をかけられていたことが発覚、しかも彼は近くその女と結婚するという。クリスマスを目前に、傷心のアマンダとアイリスはネットで出会い、互いの家を交換する“ホリデイ”を取ることに。そこで、アイリスが旅先で知り合った男に「君は間違いなく主演女優だ。にもかかわらず脇役のように振る舞っている」と言われたことに返したせりふ。そう、縛られているものから自分を解き放ってみること。少し勇気を出して。どんなに自分がちっぽけに思えても、人生の主人公は自分以外にいないんだから。(N)

INFORMATION

休暇中に互いの家を交換する、住む場所もステータスも違う二人の女性の恋愛模様を描いたロマンティック・コメディ。ちなみに、本作のキャッチコピーは「人生に一度だけ、誰にでも運命の休暇がある」。

いつも差し入れありがとう。

接吻

062 / 100

差し入れとは何か。国語辞典によれば、「被疑者や未決囚の必要とする食品・衣料・日用品などを、拘置されている被疑者の家族などが届けてやること。また、その品物。〔広義では、仕事でがんばっている人への陣中見舞として届ける食べ物を指す〕」と定義されている。そうなのである。元来、差し入れとは監獄に届けられる品物を指すものなのだ。リポビタンDやら助六寿司やらチョコレートの入った小箱やら、日常にありふれた“差し入れ”の類がなんともお気楽なことか。この映画は、坂口秋生が一家殺人事件を起こす場面でスタートする。そして逮捕された容疑者をニュースで見た遠藤京子が、見ず知らずのこの男に自分を重ね合わせ、次第に心惹かれていくのだ。熱心に手紙を書き、公判の傍聴に通い詰め、必要な品々を届け、しまいには獄中結婚に至る。彼女と面会した坂口は、京子にこう礼を言うというわけだ。差し入れの重みたるや幾ばくか。(N)

INFORMATION

豊川悦司演じる、殺人犯の坂口。テレビに映し出された男の姿に一目で恋に落ちる孤独なOLを小池栄子が熱演。「究極の愛が行き着いた、衝撃の結末。」のキャッチフレーズ通り、ラストシーンは衝撃的。

街を去った夜、ここに来たの。
でも入らなかった。
入ろうとしたけど、いつまでも同じ私でいたくなくて。
生まれ変わりたかった。

マイ・ブルーベリー・ナイツ

063 / 100

恋は時に残酷だ。一睡もさせてくれないときもあれば、喉にご飯を通してくれないときだってある。何にも希望が持てなくて、明日のことを考えるのが嫌になる。明日なんて果たして来るのか？とバカバカしい疑問さえも信憑性があるように思えてきたらそれは末期。そして、この原因こそ恋だ。主人公のエリザベスは、相手の心変わりが原因で失恋中。カフェのオーナー、ジェレミーに慰められるものの、傷は一向に癒えず旅に出る決意をする。朝も夜も働き、考える時間を作らない彼女。旅先で出会う人やそこで起こったことを、ジェレミー宛ての手紙に綴りながらゆっくりと成長していく。そして、やっと1年後に彼女は再びカフェのドアを開ける。恋は残酷だけど、問題はその恐怖にどうやって立ち向かっていくかなのだ。(Y)

INFORMATION

中国を代表する監督、ウォン・カーウァイの初の英語作品として知られる。主演は歌手のノラ・ジョーンズとジュード・ロウ。また、旅先で会うギャンブラー役にナタリー・ポートマンなど豪華な顔ぶれ。

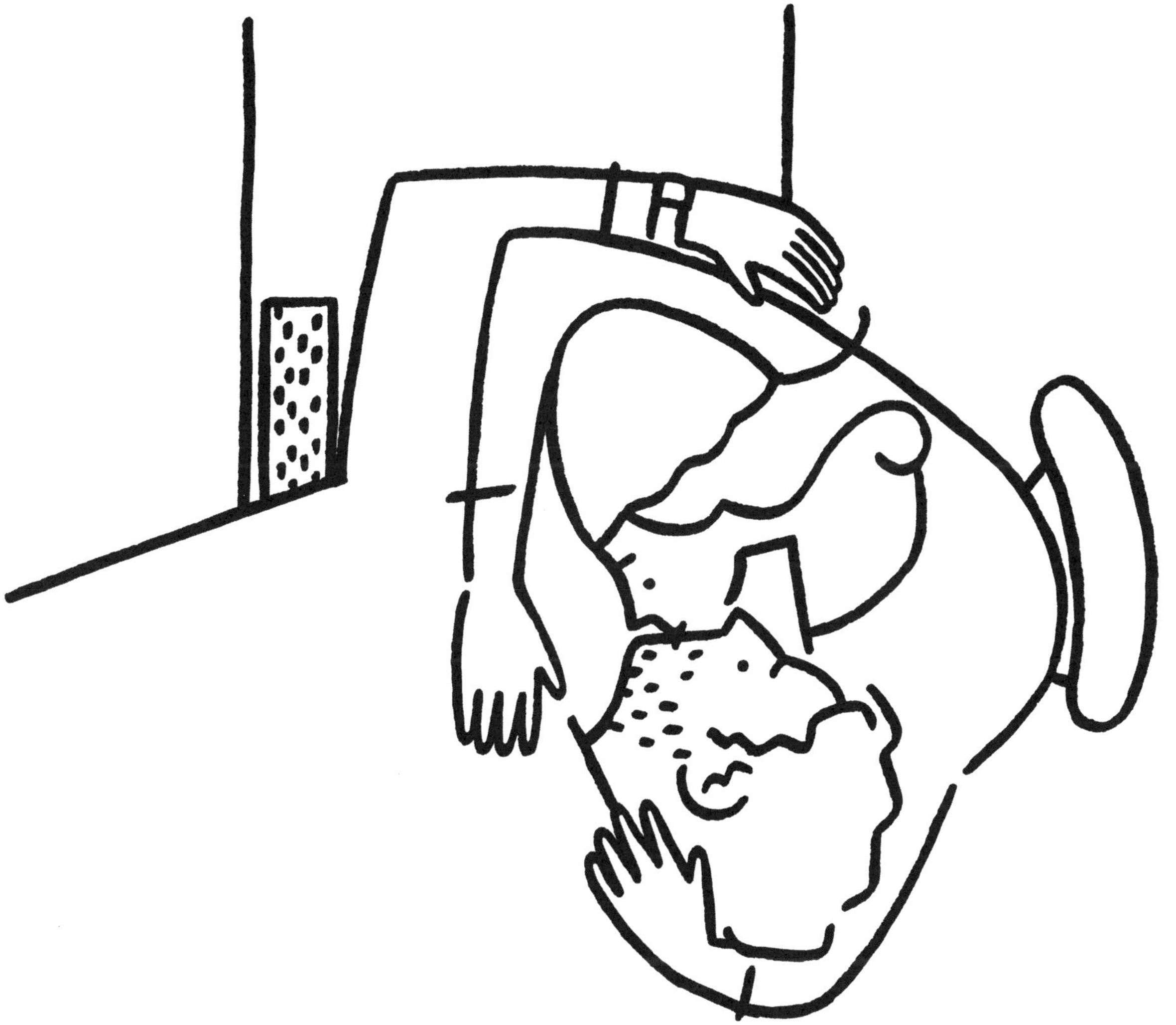

「“子供”は卒業、“大人”になるわ、フロリダでね」
「バカげてる。あそこで成長するのはオレンジだけだ」

ラブソングができるまで

064 / 100

音と詩があって曲ができあがる。どちらが欠けても、いいものはできあがらない。そうやって考えると、何十年も聴かれ続けているような名曲というのは、本当に奇跡の塊だと気づく。アレックスは80年代一世を風靡した元ポップスター。過去の栄光にしがみつきながら生きていくことを何の恥とも思っていない。そんな彼が急に売れっ子歌手へ楽曲を提供することになり作曲を始めるのだが、肝心の歌詞が出てこない。苦戦する最中運命的に出会うのが、部屋の植物を世話しに来ていたソフィーだ。形は違うが、人生の壁にぶち当たっている二人。お互いを励まし合いながらも、素直になれず交わすのがこのせりふ。皮肉の奥に隠された本当の気持ちを察することができれば話は早いけど、それができないから人生は奥ゆかしいのだろう。(Y)

INFORMATION

元ポップアイドルのアレックスと、書くことが好きだったソフィーが出会い、曲作りを通して恋に落ちていくラブコメディ。ヒュー・グラント演じるアレックスのバンド「PoP」の楽曲、腰振りダンスにも注目。

お前の価値を認めてくれる人。
そういう相手となら続く。

JUNO／ジュノ

065 / 100

ジュノの言動と行動は、いつだって裏腹だ。興味本位でボーイフレンドのブリーカーとした初めてのセックスで妊娠してしまったジュノ。彼に相談すると、「君がしたいようにすればいい」と責任を回避され、「セックスしてごめんね」と強がりを言う。明らかにショックを受けているのにもかかわらず。そして、堕胎することもできず、出産を決意したジュノは、さっそく里親探しを開始する。完璧な養父母マークとヴァネッサと出会うのだが、ジュノとの交流をきっかけに二人の関係が崩れ始める。16歳のジュノは、母になるには幼すぎた。だが、親の離婚を経験した彼女は、家庭は壊れてほしくない、子どもは愛情を注がれるべきという思いも人一倍強い。永遠の愛なんてあるの？と取り乱すジュノに、父マックはこう諭す。「ありのままのお前を愛する人を見つけること。不機嫌。上機嫌。醜い。美しい 。ハンサム。どうであれ」と。(O)

INFORMATION

予期せぬ妊娠をしたジュノを取り巻く人間ドラマ。ブロガー出身のディアブロ・コディ脚本、ジェイソン・ライトマン監督作。ラストのエレン・ペイジとマイケル・セラのギター・セッションがキュート。

長い孤独の後に、やっと愛の希望を見いだす。
次の別離が訪れるまで……。
でも、新たな別れが耐えられなくなる瞬間が……。

パリ、恋人たちの2日間

066 / 100

これは35歳のマリオンが、彼との大喧嘩のシーンで語る、長いモノローグだ。このせりふに自分を重ねる人も多いのではないだろうか。フランス人写真家のマリオンとアメリカ人インテリアデザイナーのジャックは、付き合って2年になるニューヨーク在住のカップル。欧州旅行に出かけた二人は、帰り際、マリオンの実家があるパリを訪れる。やがて、男女のお国柄や価値観の違いがあらわになっていく。彼らが結婚まで行き着いていない理由は、きっとそこにある。例えば、この広い世界で、恋人と自分の実家の常識が同じ、なんてことは奇跡に等しい。そして、この問題は育った環境が違えば誰にでも起こりうることだ。でも、違いをうっとうしく感じても、そこさえ愛おしく思える人が、パートナーになれる相手なのだとマリオンは気づく。出会いと別れという当たり前のループの中で、ジャックとの別れだけは、受け入れることができないのだから。(O)

INFORMATION

『ビフォア・サンセット』、『ビフォア・ミッドナイト』でも共同で脚本の執筆を手がけたジュリー・デルピーが、監督・脚本・製作・編集・音楽・主演を担当。マリオンの両親役に、実の両親が出ているのも楽しい。

「もし女の子じゃなくても好きだと思う?」

「だと思うよ」

ぼくのエリ 200歳の少女

067 / 100

色が白く繊細で、学校では「ブタみたいに鳴いてみろよ」といじめられてばかりの少年オスカー。両親は離婚し、共に暮らす母は仕事が忙しく、アル中の父親は息子よりも社交優先で、彼にはどこにも居場所がない。そんなとき、隣の部屋に越してきたエリという少女に出会う。いつだってひとりぼっちのオスカーを最初は突き放すエリだったが、壁伝いにモールス信号でやりとりをしたりと次第に親しくなる二人。雪の降る真冬でも薄いシャツか半袖姿で、年齢を聞いても「だいたい12歳くらい」と答えるエリの謎めき具合は尋常ではない。オスカーに抱きしめられたエリは、「私が好き？　もし女の子じゃなくても？」と聞く。エリの正体がヴァンパイアであることを示唆する一節だ。エリもかつてはオスカーのようなか弱い少年だった。生き延びるために、殺人をする。それさえも受け入れる愛以外は要らない。それが、彼らの生きた愛のかたちなのだ。(O)

INFORMATION

ヨン・アイビデ・リンドクビストのベストセラー小説『モールス』の映画化。凄惨な殺人事件の続くストックホルムの町で、いじめっ子への復讐を想像しながら過ごす12歳のオスカーは謎めいた少女エリに恋をする。

これはおとぎ話よ。
現実には起こらないの。
覚えておいてね。

セックス・アンド・ザ・シティ

068 / 100

「お姫様と王子様は、いつまでも幸せに暮らしましたとさ」。おとぎ話は、そう締めくくられる。たかがおとぎ話だけれど、フィクションが無垢な少女に与える影響は意外と大きい。結ばれる前よりも、その後に幸せを維持することの方が、難しかったりするからだ。少女は大人になる過程で、現実とのギャップに気づくのだ。自立した大人の女性であるキャリー・ブラッドショーも、おとぎ話に憧れる少女だった。真実の愛のお相手、Mr. ビッグとくっついたり離れたりを長らく繰り返し、40代になってやっと結婚するかと思いきや、式当日にドタキャンをくらったキャリー。シャーロットの養女リリーに『シンデレラ』を読み聞かせると、彼女はこんなふうに諭す。それぞれに人生を謳歌してきた男女が、一緒に生きていくことは、やはり容易ではない。それでも試してみる価値はあると信じたい。それもまた、おとぎ話が与えた弊害なのかもしれないけれど。(O)

INFORMATION

1998年から2004年にかけて放送された同名のドラマの映画版。ドラマ版の最終話から4年後、40代になったキャリー、サマンサ、シャーロット、ミランダ、4人の主人公の友情、仕事、結婚、恋愛模様を描く。

驚いたな、君は別人みたいだ。

それでも恋するバルセロナ

069 / 100

事を終えたベッドの上で、結婚を誓い合った彼がこう言った。ただし“私が別の男とアツい一夜を過ごした後に”という条件がつく。誠実で優しく申し分のない彼だが何か物足りない。本当は情熱を求めているのだ。女だってロマンチストなんだから。……さて、NYに住むヴィッキーとクリスティーナは親友同士。安定を求めるヴィッキーは堅実オトコと婚約中。対するクリスティーナは危険な恋に自ら飛び込む情熱家。そんな二人が旅先のバルセロナで奇しくも同じ男に恋をするのだが、このフェロモン塗れのスペイン男、二人と関係を持つ。そこへ、もやつくヴィッキーの心も知らず「結婚しよう！」と呑気に押しかける婚約者。ベッドの上で以前より激しくなった彼女に言うのがこの言葉。そりゃそうさ。貞実だと信じてやまない未来の妻は物狂おしい夜を過ごし、今やその男に夢中なんだから。ああ、知らぬは幸せなり。(N)

INFORMATION

ウディ・アレン監督のアメリカ・スペイン合作作品。バルセロナを舞台に男と元妻、そして2人の女の“四角関係”が描かれる。ちなみに原題は、『Vicky Cristina Barcelona』。

俺みたいな孤児はそんな父親でもいてほしい。

息もできない

070 / 100

借金の取り立て屋のサンフンは、母と妹を死なせた父親に対して激しい憎悪を抱きながら生きてきた。無慈悲に暴力を振るうことで、憂さ晴らしをするかのように。ある日出会った女子高生のヨニは、そんな彼に怯むことなく接する。二人は徐々に心を通わせ、サンフンも堅気な人生を送ろうと心に決めるのだが……。このせりふは、サンフンと共に取り立て屋として働く友人、マンシクの言葉だ。彼は孤児として育ち、家族というものを知らない。気のいいマンシクは、出所してきた父親に辛く当たるサンフンに言う。対してサンフンは「あんな父親ならば孤児の方がマシだ」と返す。家族とは複雑である。特に親との葛藤やわだかまりは、人生において長く尾を引き、濃い影を落とすものだ。親が生きているうちに、また自分の命があるうちに、その葛藤を乗り越えて「そんな父親でもいて良かった」と思える者は幸せだろう。(N)

INFORMATION

国際映画祭などで25以上もの賞に輝いた韓国映画。主役を自ら演じる俳優、ヤン・イクチュンによる長編映画の初監督作である。若者と父親世代との葛藤を背景に、取り立て屋と女子高生が心を通わせていく物語。

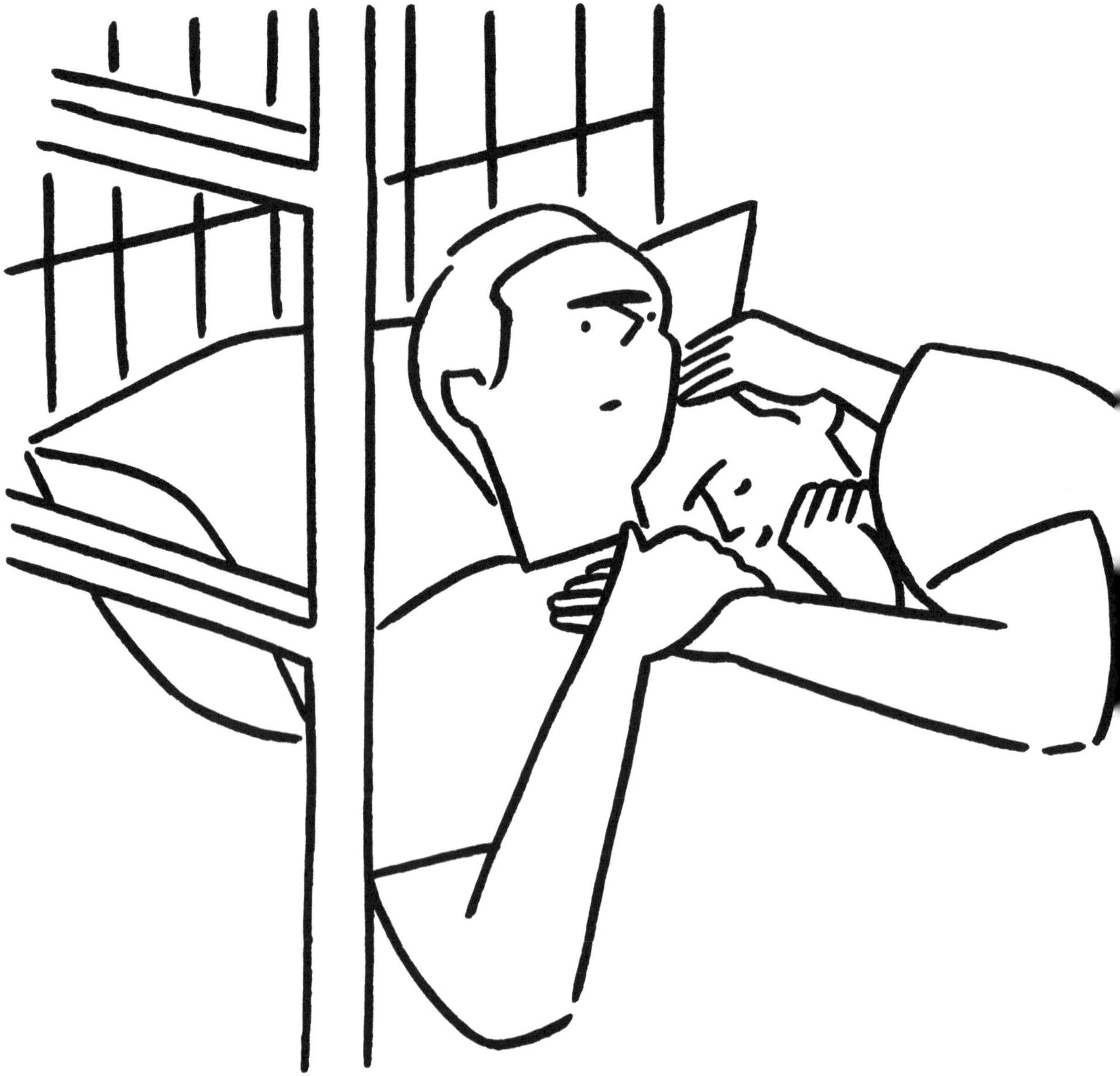

弁護士や役員や警官じゃない、
脱獄名人でもない、
そんな俺は死んだんだ。
今はただ“君を愛する男”だ。
そう見えたら、信じてくれ。

フィリップ、きみを愛してる！

071 / 100

スティーブンはアメリカで警官をしながら、ゲイということを隠しつつ妻と子と平凡な暮らしを送っていた。しかしある夜、交通事故に遭ったのをきっかけに「本当の自分」＝同性愛者として生きることを決意するが、皮肉にもその代償として窃盗や詐欺など嘘を重ねていくことに。そして、刑務所で一目惚れしたフィリップに出会ったことで、スティーブンの嘘はどんどん加速していく。自らを弁護士と名乗りフィリップの出所を手伝い、饒舌なデマカセで大手企業の最高財務責任者にまでなってしまう。これは、そんな彼にほとほと愛想を尽かし、別れを告げたフィリップにスティーブンが言うせりふ。彼のやり方はいつも「正式」な方法ではないけれど、ただ愛する人を幸せにしたかっただけというのは、純粋に誰かを愛する人の心と、変わらないはずだ。(Y)

INFORMATION

スティーブンは事故をきっかけにゲイであることをカミングアウト。幸せのために嘘を重ねて逃げ続ける。実話に基づく詐欺＆脱獄ラブストーリー。ユアン・マクレガー演じる少女のようなフィリップは必見。

3

LGBTについて

近年で急激に浸透した言葉としてよく上がる、LGBT（レズビアン、ゲイ、バイセクシュアル、トランスジェンダーの頭文字を集めた総称）。セクシュアルマイノリティとされる彼らが映画界でも、注目を集めるようになったのは何故なのだろう？
遡れば、同性愛を題材にした映画の歴史は長い。アメリカではなんと19世紀（！）に既に初めてのホモセクシュアルを描いた映画が撮られていたという。

では、何故近年に？ という問いには独断と偏見で答えさせていただきたいのだが、まずセクシュアルマイノリティに対する価値観の変化。そして、それに大きく貢献した一つが『セックス・アンド・ザ・シティ』no.68だ。というのも、主人公キャリーが女友達以外で唯一信頼を置いていた同性愛者のスタンフォード、という方が正確かもしれない。どこまでも優しく、決して恋愛関係になる不安がなく、信頼のできる異性＝ゲイ。という、ちょっとした公式みたいなものが無意識に多くの人に刷り込まれたように思う。そして、それはある意味、なんの脈絡もなくただただポジティブな印象なのだ。これは『プラダを着た悪魔』のスタンリー・トゥッチにも同じことが言える。また、もう一つの例でいえば、『アデル、ブルーは熱い色』no.87も現代のレズビアンを、ある意味なんの偏見もなく描いているように思う。まあ、恋人役を演じた青髪のレア・セドゥが衝撃的に魅力的なのも、おおいに性別というボーダーを薄めてくれているのも事実だろう。（Y）

2010

「夢しかないんだ」
「そんなに夢が大事？」
「一緒にいられる」

インセプション

072 / 100

今生きている世界が現実だと100%確信できるのだろうか。例えばもし、眠っているときの世界、夢が大きくなりすぎて境目がわからなくなったらどうだろう。夢の世界の方が現実よりも居心地がよかったら？ または、夢の中の夢も存在していて、どんどん深く潜り込めるとしたら？ 何が現実で何が夢かわからない感覚は、気持ちよくもあるけれど、疑い始めると合わせ鏡の中にいるような感覚に陥っていく。主人公のコブは、愛する妻を亡くしてからというもの、彼女に会えるのは夢の中だけ。現実ではないことはわかっているけど、どうしても彼女を失ったことを受け入れることができず、夢の中で会い続けている。苦しい現実と甘い夢が選択肢に並ぶのならば、その選択も納得がいく。だが、それでも現実世界は在り続ける。二人の子供が待っているのだ。愛は時に、とっても自己中心的な選択をさせるものだ。(Y)

INFORMATION

監督はクリストファー・ノーラン。夢の中、他者の潜在意識の中の世界を描いたSF映画。複雑に重なり合った世界が描かれているので、鑑賞は、集中力があるときに。脚本構想に約８年もかかったとか。

彼女は制御された休火山だ。
ウソばかりつく。自分にも。

ハートブレイカー

073 / 100

プロの別れさせ屋アレックスは、彼氏だろうがフィアンセだろうが、仲間との連携プレーで女性を惚れさせ別れさせていく。彼のモットーは、感情移入せず依頼に忠実に。そして自分を不幸だと認めない女性をターゲットに絞り、確実に仕事をこなしていく。その宣言通り、アレックスと関わった女性たちは憑き物が落ちたかのような晴れやかな顔になり、無事任務終了となる。しかし今回のターゲット、ジュリエットとはなかなか上手くいかない。その上アレックスは彼女に惹かれていってしまうのだ。でもそんな自分の思いには気づかずに、ジュリエットが彼女自身に嘘をついていることを見抜いてしまう。私たちの、大概は一瞬の気の迷いだと片付けてしまいがちな心の移ろいは、もしかすると奥底に眠っている感情の噴火のサインなのかもしれない。(Y)

INFORMATION

チャーミングなイケメン俳優、ロマン・デュリスとフランスのミューズ、ヴァネッサ・パラディの現代版『卒業』。舞台の高級リゾート地モナコに似つかわしくない、主人公らのアナログなドタバタ劇は必笑。

sp

脳内ハイウェイ走ってきたのよ。

スコット・ピルグリム VS. 邪悪な元カレ軍団

074 / 100

気になる彼女が荷物を届ける夢を見て、チャイムで目が覚めたら、ドアの向こうに夢で見た彼女がAmazonの箱を持って立っていた……。そんな嘘みたいな話あるかとツッコミたくなるが、この運命的状況を説明しようとするスコット・ピルグリムに、ラモーナ・フラワーズは「手近な脳内ハイウェイ（サブスペース・ハイウェイ）で、あなたの頭の中を通過してたってだけ。アレだと15秒で3マイルも行けるし……」としれっと答える。なぜって、ラモーナはサブスペース・ハイウェイという異空間の通路を使うという特殊能力で、Amazonの配達をしていたからだ。女子高生の彼女がいるにもかかわらず、たまたまスコットの脳内を通過してしまったラモーナに「超理想のタイプ！」と一目惚れした彼は、猛アタックを開始。でも、夢で見たミステリアスな彼女にこんな返答をされたら、ノックアウトされてしまうのもまぁ頷ける。(O)

INFORMATION

カナダの漫画家、ブライアン・リー・オマリー原作。22歳で無職、アマチュア・ガレージバンドのベーシストのスコット・ピルグリムが、ラモーナの邪悪な元カレ集団と対決していくゲーム風アクション・コメディ。

デクスター、本当に愛しているわ。
でもあなたのこと、もう好きじゃないの。

ワン・デイ 23年のラブストーリー

075 / 100

人生は長い。今が最高に幸せだとしても、例えば148日後の同じ時間には、人生のどん底を味わっているかもしれない。小学校で好きになっていた子が、数十年経って会ったらなんの魅力も感じられない子になっていたなんて、よくある話だ。それだけ、人生は長く未知数なのだ。エマとデクスターは大学の卒業式の後に寝損ねて以来、ずっと友達以上恋人未満の関係が続いている。親友のようにお互いを信頼し、何かが起きたときには真っ先に伝えたい相手なのだが恋人ではない関係。だから、長続きするし、なんでも話せるのだけど、それが決して二人が求めているものとも限らない。出会ってからの数十年間、結婚、出産、離婚と大きな節目も過ぎてきた。惹かれ合っているのは確かなのに、タイミングが合わない二人。いつか結ばれると信じきっている二人から生まれる会話だから、未来にもまだまだ希望が持てるのだ。(Y)

INFORMATION

7月15日を区切りに展開されていく23年越しのラブストーリー。イギリスを舞台に、二人の主人公を通して人生の節目を垣間見る。予想外なことが起きても人生は続いていく、ということを教えてくれる。

思いのたけを述べたいのに、
少しの時間しかない。

永遠の僕たち

076 / 100

一度きりの人生、与えられた時間には限りがあると頭ではわかっていても、それを実感するのは大切な何かを失った後だったりする。交通事故で両親を失い、臨死体験をした少年イーノックは、他人の葬式に知人のふりをして参加する“葬式ごっこ”を日課としている。話し相手は、彼だけに見える青年・ヒロシだけ。第二次世界大戦で戦死した神風特攻隊員の亡霊だ。イーノックは葬式の会場で、がんで余命３ヶ月と告げられた少女アナベルと出会い惹かれていく。だが、実際に安らかに死を受け入れるアナベルに反して、イーノックは愛する彼女の死を受け入れられずに逃げ惑ってしまう。そんなとき、ヒロシが特攻に出る直前に恋人に残した、渡すことのできなかった手紙を読んで聞かせる。生と死のあいだで、いくつもの出会いと別れに直面しながら、人は生きていく。別れと向かい合わず、いつまでもさまよっていることは幽霊にしかできないのだから。（O）

INFORMATION

不治の病に冒された少女と、死に取り憑かれた青年の恋物語。ガス・ヴァン・サント監督作。撮影時末期がんの闘病中だった故デニス・ホッパーの息子、ヘンリー・ホッパーがイーノックを、ヒロシを加瀬亮が演じた。

L 162
R 163

失くしたものはすべて、君の弾く音の中にある。

チキンとプラム ～あるバイオリン弾き、最後の夢～

077 / 100

これはバイオリンの師が、ナセル・アリを初めて認めた瞬間の言葉だ。苦しい経験を作品に息づかせることが芸術家なのだとすれば、彼は大失恋と引き換えに天才バイオリニストになった。ナセルは、大切なバイオリンを妻に壊され、8日後に死ぬことにした。理由は、バイオリンの音が彼の生きる喜びだったから。死を待つ彼は、ベッドの上で回想を始める。彼女の父の反対により叶わなかった、美しいイラーヌとの恋。ナセルは、彼女の幻影を永遠のものとしてバイオリンに込める。彼が弾くたびに聴く者すべてを涙させたのは、その目には失われたイラーヌの姿が映っていたからだった。そして、「食べているときだけは幸せそうな顔をしていた」という鶏のプラム煮は、妻への甘えを示唆する。古きよき過去に依存し、仕方なく迎えたと現在に甘え、未来に絶望する。変われない男が死を後悔しても、行き場はもうどこにもないのだ。(O)

INFORMATION

嘘みたいな話だが、革命前のイランを舞台にした実話がベース。漫画家、マルジャン・サトラピの大おじがモデルの物語。自叙伝的漫画『ペルセポリス』も自身が監督でアニメ化したが、本作は実写化。どちらも傑作。

B'z とかもう聴かないからぁぁぁ。

モテキ

078 / 100

自称・セカンド童貞の藤本幸世に、突然のモテ期が訪れた。この冴えないサブカル野郎、あろうことか４人の美女に取り巻かれ、恋にエロい妄想に止まらない。だが、控えめで健気、そのうえ美しいるみ子を差し置いて、幸世の本命はただ一人。るみ子のせっかくの告白を「僕たちは聴く音楽も違うし、合わないんだよ！」と無下にしてしまうのだ。その気持ちが重いとまでのたまう。そして猛然と泣いて幸世にすがりつく、るみ子が言ったこのせりふ。B' zと世のB' zファンに失礼だろう。サブカル野郎に惚れたが最後、B'zを聴くことは許されないとでも言うのか。いや、これはつまり、「B' zとかもう聴かないからぁぁぁ」は「あなたのために、私、変わるからぁぁぁ」の意。あなたのためならマイノリティの一員になっても構わない、という大義名分である。というわけで、B' zとはマジョリティの代名詞と捉えても異論のあろうはずがない。(N)

INFORMATION

人気コミックを2010年TVドラマ化。さらに翌年、ドラマ版の演出を手がけた大根仁が監督し映画化した。幸世が恋心を抱く長澤まさみ演じる超絶ラブリーなみゆきちゃんに、日本中の男子が恋に落ちたことだろう。

LOVE
ME
TENGA

「好きなバンドは？」
「僕はスミスが好きかな」
「マジ？ 私もよ。最高の失恋ソング・バンド」

ウォールフラワー

079 / 100

入学式の日、みんな思っていることは大体同じだ。新しい友達はできるのか。隣の子はかわいい子か。あいつと同じクラスになれるのかな。と、今思い返せばすごく小さなことで狭い世界のことかもしれないが、そのときはそれが世界のすべてだった。そんなときに、いくら分厚い殻をかぶっていても、ノックしてくれる人は必ずいる。「何してるの？」「どこから来たの？」「ペン落としたよ」。そのきっかけはなんでもいい。でも、その瞬間はかけがえのないものにもなりうるのだ。「好きなバンドは？」と聞くのは天真爛漫で美人のサム。シャイなチャーリーの「スミス」という答えで、趣味が合うことから一気にテンションが上がる。「どの曲が一番好き？」。瞬く間に会話が始まって、一気に新しい世界が広まっていくのだ。(Y)

INFORMATION

スティーブン・チョボスキーのヤングアダルト小説が原作になっている青春映画。エマ・ワトソン演じるヒロイン役のサムと、その義兄のパトリック、そして主人公のチャーリーが、描く少し変わった友情関係が見どころ。

M

親父の説教はイヤだろうが、
彼女のサインに気づけよ。
運命が手を差し出してる。
その手をつかまないと一生悔やむことになるぞ。

世界にひとつのプレイブック

080 / 100

両親からのアドバイスほど耳が痛いものはない。それこそ、思春期のときには大きな声を出して、大きな衝撃と共に部屋のドアを閉めて、部屋に閉じこもっていられた。でも、そんなときでもグサッと刺さって抜けないのが彼らの言葉。何度も反復して、堪え難い思いを噛みしめる。でも、なぜか次にドアを開けるときには、どこか晴れ晴れした顔になっているから不思議なものだ。妻の浮気現場に遭遇してしまい、精神が不安定になってしまったパット。8ヶ月の病院生活からやっと出てくるものの、まだ彼女を忘れられない。そんな最中に出会うのが、ティファニー。激しいもの言いと行動に最初は驚きを隠せないパットだったが、実は彼女も愛する旦那を亡くし苦しんでいた。方法は異なるけど、過去から抜け出そうと必死にもがく二人。なかなか認めることができなかった気持ちに、トドメをさしてくれたのが父からの言葉。摂っていた薬の話で一緒に笑える相手なんて、一生でなかなか出会うものじゃないからね。(Y)

INFORMATION

妻の不倫が原因でバランスを崩すパットと死別した夫を引きずるティファニーの少し変わったラブストーリー。二人の踊り、熱狂的なアメフトファンの父役を演じるロバート・デ・ニーロも見どころの一つ。

「やり直せる？」

「ああ」

ルビー・スパークス

081 / 100

理想の人とはどんな人だろう。優しくて、笑顔が可愛いくて、小柄。この条件だと数万人の人に当てはまってしまう。かといって、北海道出身で身長は156cm、一人っ子で、トマトが苦手。趣味は、行かないけど旅行を計画すること。なんて言いだしたら、まるで特定の誰かを示しているかのよう。でも、その人が実在するのならば、実はそれはそれで十分だったりする。カルヴィンは夢に出てきた女性をヒロインとして小説を書き始める。出身地、年齢、好きなものや嫌いなもの、特技。書いている間にどんどん恋に落ちていき、ある日彼女が実物となって目の前に現れる。信じがたい話だが、理想の相手はやっぱり最高なのだ。しかし、どの恋愛関係にも、必ずうまくいかないときが訪れる。独占欲から小説の続きを書いて、彼女を操ろうとするカルヴィン。でも、それは本当の愛ではない。辛いけどその思いを乗り越えたときこそ、やり直しが可能なのだ。(Y)

INFORMATION

19歳で華々しいデビューを飾り、一躍天才と崇められた作家カルヴィン。10年ぶりに書き始めた小説だが、そのヒロイン、ルビーがなんと現実に現れる奇想天外なラブストーリー。二人は実生活でも恋人関係。

L 172
R 173

私が女にならなくても、二人は終わっていた。

わたしはロランス

082 / 100

ロランスは愛する彼女フレッドに「女として生きていく」ことを打ち明けようと考えていた。彼が求めていたのは、自分が発する言葉を理解し、同じ言葉で話す人。突然の告白に戸惑うフレッドだが、「あなたはあなた」と受け入れる。だが、1985年はトランス・セクシュアリティがまだ理解されていない時代。街中で好奇の目に触れ、互いの家族の理解も得られず、鬱状態になったフレッドは、女性としての“普通の幸せ”を選ぶ。別の道を歩き始めても、フレッドを諦めきれず、なかばストーカーじみた行為を繰り返すロランスだが、やがて過去の幻影を追いかけていることに気づく。それが、二人の関係に終止符を打ったこの一節に集約されている。性別関係なしに、求める愛のかたちが同じ人間なんていない。ロランスは強い意志と歳月をかけ、女性としての自分と社会の境界線を超えていく。それは、フレッドとの愛なしには果たせなかったことだ。(O)

INFORMATION

モントリオール在住の小説家で国語教師のロランスは、美しく情熱的な恋人フレッドの30歳の誕生日に、ある秘密を打ち明ける。自身もゲイであることをカミングアウトしている、グザヴィエ・ドラン監督作。

正しさを求めるの？

セレステ&ジェシー

083 / 100

正しさは時に人を幸せから遠ざけてしまうものだ。仮装パーティでゴミ袋のコスプレをしたセレステに、ヨガクラスの男ポールは、「こんな独りよがりのゴミ袋初めてだ」と笑う。美しく聡明でキャリアもある彼女は、「自分は正しい！」と信じてやまない。曲がったことも頭の悪い人も大嫌い。高校時代からの恋人でアーティストとしてなかなか芽が出ない夫ジェシーに対しても、「礼装用の靴も口座も持ってないの。子どもがかわいそうよ」と、上から目線。セレステは「永遠に親友でいたいから」と離婚を提案するが、ジェシーが一夜を共にした女性から妊娠の報告を受け彼女との再婚を決めると、立場が逆転。Facebookで幸せそうな二人の姿を追いかけたり、彼の新居のゴミ箱を漁ろうとしたりと自制が効かなくなってしまう。好きな人との別れを乗り越えるには、時間がかかる。自らの正しさを手放せたとき、初めて一歩前に進むことができる。(O)

INFORMATION

クインシー・ジョーンズの娘としても知られる女優ラシダ・ジョーンズが、自身の体験をもとに脚本・主演を手がける。大切なものを見失ってしまったセレステが、仕事や恋愛に揺れながら自分を見つめ直していく。

君も非モテのまま？

フランシス・ハ

084 / 100

Undatable は、デートができないってこと。「恋ができない」と謳う人の多くは、自ら何も動いてない場合が多いが、フランシスもそんなようなものだ。ダンサーを目指す27歳の彼女は、世間がモラトリアムでいさせてくれるギリギリのお年頃。親友のソフィとのルームシェアを優先し恋人と別れた矢先、同居を解消され、とふんだりけったり。気づくとまわりは先を行き、自分だけ取り残されている。そのズレをおどけることで直視してこなかったフランシスは、あてもなく走っては転んでを繰り返す。ショートカットして大人になれるほど器用じゃないのだ。ソフィの弟とヤッた女の子に、「大人っぽくはない。顔は老けてるのに」と痛いことを言われても、「セックスには愛がないと」と夢見がちなことを言ってのけてしまう彼女は、友人ベンジーに“非モテ認定”される。このとことん Undatable なフランシスのチャーミングさったらない。(O)

INFORMATION

ノア・バームバック監督作。アメリカ・インディペンデント映画のマンブルコア派の女王と呼ばれるグレタ・ガーヴィグ主演。グレタとバームバックは私生活でのパートナーでもあり、本作の共同脚本を手がけている。

OT ENTER
CROSS
CKS
DO NOT
ENTER
OR
CROSS
TRACKS

“やり直せない？”
やり直せるさ。決まってるだろ。

華麗なるギャツビー

085 / 100

ロマンチストな男は過去に生き、リアリストな女は今を生きるものらしいが、ギャツビーは、「過去を取り戻せる」と断言するイノセントな心を持つ男だった。彼は、友人ニックに「過去はやり直せないよ」と諭されても、「え、おまえ何言ってんの」的なこのせりふを返す。ギャツビーは、過去は変えられると盲信している。なぜって、彼は誰よりも過去にとらわれ、過去を塗り替えてきたから。そして、5年で築いた富でもってデイジーの愛を取り戻そうとする。既婚者で娘もいるデイジーに、夫を愛した過去さえ否定させようとするギャツビー。彼女は「求めすぎだわ」と言う。その通りである。でも、どこにでも希望を見いだし、過去を眩しい夢へと変えてきたギャツビーのイノセントな力は、類稀なる才能だった。30歳になったばかりで、憂鬱の最中にいたニックにとっては特に。だからこそニックは、彼の物語に「The Great（偉大な）」と書き足したのだ。(O)

INFORMATION

豪邸に暮らす謎めいた大富豪のジェイ・ギャツビーは、毎夜のように豪華なパーティを開いている。ある日、彼は隣人の青年ニックに自らの生い立ちを語り始めるが、あまりにできすぎた話に彼は疑惑を膨らませていく。

いかなる贋作の中にも必ず本物が潜む。

鑑定士と顔のない依頼人

086 / 100

ヴァージル・オールドマンは天才的な審美眼を持つ美術鑑定士だ。また、オークションでは“最高の競売人”として名を馳せている。一方、売れない画家の相棒と手を組み、安値で名画を落札するという悪を働いている。それも女性の肖像画ばかり。現実の女性には見向きもせず、自宅の隠し部屋を埋め尽くすコレクションを一人眺めるのが至福の時——ある種のフェチだろう。このせりふは、絵画を鑑定する際のヴァージルの言葉だ。他人の絵を模写しながら贋作者は自分の“印”を残したくなるものだと。無意識下の独自の筆使いや、意図的に残す隠された記号。これはきっと芸術品だけではない。例えば、男女の関係にも言えるのではないか。“自分”という痕跡を相手の人生にどこか残したいという、密かな欲望を人は持っているものだろう。しかし、その痕跡はフェイクか、本物か。真贋のジャッジには、鑑定士の力が必要かもしれない。(N)

INFORMATION

美術鑑定士ヴァージルの元に若い女から鑑定依頼の電話が入る。女性嫌いのヴァージルは次第にこの謎に包まれた女にのめり込んでいく……。監督は『ニュー・シネマ・パラダイス』のジュゼッペ・トルナトーレ。

恋は性の垣根を越える。
幸せならそれでいい、
本物の恋なら明日死んだってかまわない。

アデル、ブルーは熱い色

087 / 100

好きという気持ちに性別は関係ない。女性に生まれたから異性である男性を好きにならなくてはいけない、なんて決まりはないし、それは男性でも同じことだ。異性を好きになることに違和感を感じたとしても、それを無視して生きていく方が、よっぽど簡単なことかもしれない。でも、向き合ったからこそ、築ける特別な関係もある。“性を超えた関係”は、だから一層純粋に見えるのかもしれない。相手の似顔絵を描き合ったり、自分の好きな本について話し合う。誰とでもできることだが、それだけで幸せを感じられることは少ない。毎日洋服を身につけるのが当たり前のように、いざ真っ裸になれと言われても躊躇してしまう人がほとんどで、人と純粋に向き合うことはたやすくないのだ。そしてそれは、とっても綺麗な分、とっても壊れやすいもの。だからこそ、明日死んだってかまわない、と思えてしまうくらい魅力的なのかもしれない。(Y)

INFORMATION

文学を学ぶ高校生のアデルは、道で見かけた青髪のエマに惹かれる。レズビアンバーで再会を果たし、二人だけの関係が始まっていく。同性愛を描くラブストーリー。撮影はほとんどアドリブで行ったそう。

あんた、誰のお金で歯医者行ってるの?

今、いくつよ。

百円の恋

088 / 100

本気の勝負に勝ったことがある人がどれだけ存在するのかも疑問だが、本作は人生負けっぱなし、むしろリングにも上がれていないヒロインの物語だ。引きこもりでニートの一子は、家の手伝いもせず、甥っ子とゲームをしながらパジャマからハミ出たお尻をポリポリ……。母親に「歯の治療に行け」と促されても空返事をする一子に、妹・二三子はこう言い放つ。「あんたみたいなのはね、親が死んでも平気で死体隠すブタになんだよ!」と。なかなかのパンチ力のあるせりふだ。離婚し実家に戻った二三子は現実を生きているわけで、姉の自堕落ぶりが目に余るのも納得である。取っ組み合いの喧嘩をきっかけに、一子はアパートを借り、100円ショップで深夜労働を始め、ボクサーに恋し、と猛スピードで這い上がろうとする。このとき一子、32歳。兄弟喧嘩は子どもに社会性を学ばせるというけれど、それはいくつになっても変わらないことなのかも。(O)

INFORMATION

どん底生活の一子が、中年ボクサーに恋をし、変化していく姿を追う。撮影中の10日間で10キロ体重を落としたという安藤サクラの気迫に感動。「松田優作賞」のグランプリ受賞作品(脚本:足立紳)。武正晴が監督。

こんなの音楽でも歌詞でもない、
ビーチ・ボーイズの曲じゃないね。

ラブ＆マーシー　終わらないメロディー

089 / 100

本作はザ・ビーチ・ボーイズの中心人物、ブライアン・ウィルソンの伝記ドラマだ。海にサーフィン、ホットロッド、ビキニのギャル……とアメリカ西海岸のユースカルチャーを描きヒット曲を飛ばしまくった、かのビーチ・ボーイズ。でも実のところ、「Surfin' U.S.A. ♪」と歌う陽気なナンバーとは対照的に、ブライアンはサーファーなんて柄ではない。ましてや女の子をナンパしてイェーイ！という輩とは正反対の内向的な人物だ（有名な話ではあるけれど）。彼は「本当に作りたい音楽はこんなのじゃない！」という思いを爆発させて自分の音を突き進むことになるのだが、完成した曲を聞いたメンバーの一人がブライアンに上のせりふを言い放つ。メンバーそれぞれが持つ“ビーチ・ボーイズ”という理想の形。はて、それは世間のものか、自分のものか。こんなときはつくづく“世間サマ”の一員でありたくないと思わされるのだ。（N）

INFORMATION

ザ・ビーチ・ボーイズのブライアン・ウィルソン公認の自伝的ドラマ。1960年代のブライアンを演じたのはポール・ダノ。本人に瓜二つの役作りにも注目したい。

君が死ぬのを
ここで見てろって言うの？
そんなのゴメンだ。

ぼくとアールと彼女のさよなら

090 / 100

学校はめんどくさい。関わりたくないやつばっかりだし、可愛い女の子の前で上手く振る舞えないのも嫌だ。主人公のグレッグは目立たないように、かといっていじめっ子の標的にもならないように、なるべく誰の記憶にも残らないように、そんな学校生活をうまくやり過ごしていた。けれど、そんな生活は白血病を患うレイチェルと時間を過ごすことで、少しずつ変わっていく。夏休みの終わり頃にならないと宿題をやる気力が湧いてこないみたいに、グレッグのお尻に火がついたのも高校生の終わり頃。いつまでも逃げてはいられないことに気づかされるのだ。何よりレイチェルとの出会いを無駄にしないためにも、自分と向き合う覚悟を決めるグレッグ。特別な誰かの存在は、いつでも前に進む勇気をくれる。(Y)

INFORMATION

映画オタクのグレッグは仲間のアールとパロディ映画を作り続けている。ある日母親から無理矢理話し相手になれと頼まれ、白血病患者のレイチェルと奇妙な関係が始まる。少し変わった青春ラブストーリー。

「僕のバンドのビデオに出ない？」
「バンド？」
「ああ、女の子を探してる。
ビデオの経験は？」

シング・ストリート 未来へのうた

091 / 100

モテたいからバンドを始める。不純な理由かもしれないが、最終的に行動を起こしているのだから、何もせずにグチを言っている奴らよりも格段に素晴らしい。街で綺麗な子を見つけて、その子に好かれたいと思う素直な気持ちからすべてが始まるのだ。舞台はアイルランドの首都、ダブリン。今にも離婚しそうな両親、毎日ハイだけど音楽に詳しい兄、そして少しシャイで真面目な姉。そんな家族の末っ子として育ったコナー。家庭の事情から公立の高校に転校することを余儀なくされて、いじめにも遭うけど、そんなことを忘れさせてくれるほどの出来事が起こる。一目惚れだ。声をかけに行き（この行動力もすごい）、彼女に興味を持ってもらいたいがため、バンドをやっているという嘘をつく。そして、嘘を本当にするために、実際にバンドを組んでしまうのだ！　気をひくための嘘が本当となり、彼女との関係も始まる。まさに、悩むよりまず行動あるのみ。(Y)

INFORMATION

自称モデルのラフィナに恋をしたコナー。組んでもいないバンドのPV出演を彼女に頼んだことで、本当にバンドを結成。曲作りをしながら成長していく青春映画。イギリスの音楽が色濃く見える曲たちもいい。

俺も自分の道を進むよ、この街に留まって。

ラ・ラ・ランド

092 / 100

それぞれ叶えたい夢がある、志半ば同士の恋人。二人の行く手を阻むものは何か。距離か嫉妬か、はたまた希望か。愛する人が自分よりもひと足早く夢への一歩を踏み出そうとするとき、笑顔で背中を押すことができるだろうか。たとえ二人の間に溝が生まれるとわかっていても……。本作の舞台はハリウッド。何度受けても受からないオーディションに落胆する、女優志望のミア。そして恋人のセブはしがないピアニスト。才能がありながらも流行の音楽を追うことができず、くすぶっている。だがジャズを敬愛し、いつかはジャズバーを開くのが夢だ。互いに夢を追いかける二人だったが、彼女がようやくチャンスを掴み長らく国を離れることが決まったとき、セブは応援する。その先に別れが待っていようと、彼女の夢が叶うのなら。かっこいいじゃないか。夢がある男には、夢のある女がわかるというものだ。(N)

INFORMATION

女優を志すミアとジャズピアニスト、セブの恋愛を描いたミュージカル映画。ゴールデン・グローブ賞、英国アカデミー賞、アカデミー賞など多くの部門で受賞し、2016年の話題をさらった。

それじゃ、全部があなたの歌だわ。

ベイビー・ドライバー

093 / 100

自分の名前が入ったタイトルの歌がある、というのは何ともうらやましい話で、ウェイトレスのデボラも「妹のメアリーの曲はたくさんあるのに、私はBeckの『Debra』の一つしかない」と嘆く。しかも、名前のスペルも違うし、曲の内容も、ジェニーと妹のデボラどちらも狙ってるというものであまりいただけない。ベイビーは、「もう一曲ある」とT.REXの『Deborah』を彼女に歌って聴かせてみせる。「あなたの名前は？」と尋ねるデボラに、「ベイビー」と答えると彼女は憧れのまなざしでこう言う。幼い頃の交通事故の後遺症で耳鳴りに悩まされてきた彼にとって、世界はいつも音楽とシンクロしていた。ベイビーと同じようにヘッドフォンをしながら路上を歩き、彼の名前の入った『B-A-B-Y』を歌いながら彼の亡き母が働いていたダイナーにやってきたデボラ。音楽を通してつながった彼女との運命の恋が、ベイビーを大人の男へと変えていく。(O)

INFORMATION

音楽で天才的なドライビング・テクが覚醒し、犯罪組織の"逃がし屋"として活躍する青年"ベイビー"が、運命の女性デボラと出会い、足を洗うことを決めるが……。エドガー・ライト監督の卓越したセンスにしびれる。

4

そもそもピンク映画ってどんなジャンル？

ピンク映画と聞くとお色気系なのはわかるが、どこからがピンクなのかというその境界線は正直よくわからない。ちなみに、ピンクにアダルトなイメージを持つのは日本人だけらしい。“桃”が女性器の隠語として使用されていたことや、“桃色”が男女の色恋を指すことからピンク＝エロとなったのだ。その黎明期は、1960年初頭。初のピンク映画『肉体の市場』が公開され、即上映禁止となった当初は、低予算、短期間で大手ではないプロダクションで製作・配給された成人向けの中編劇映画がそう呼ばれていたという。劇場公開を目的にしたポルノ映画の中でもインディーズ的な立ち位置にあったのが、ピンク映画だ。ちなみに1971年にスタートした成人映画「日活ロマンポルノ」は、ピンク映画とは区別されたブランドであった。と歴史を振り返ってみても、やっぱり現代のピンク映画が何を指すのかは曖昧なまま。リアルなセックス描写＝ピンクと片付けるのは少々安易な気もするし、例えば本番行為があるからといって、『ポーラX』や『ショートバス』がそこにピタッと当てはまるかといえば否だ。

もし、ピンク映画のイメージを勝手に一新してもいいとすれば、女性目線リアリティのあるセックス・エピソードがふんだんに入った作品とするのはどうか。世界的に女子の色＝ピンクということもあるし。映画『Tiny Furniture』やドラマ『GIRLS/ガールズ』で知られるレナ・ダナムや『エイミー、エイミー、エイミー！ こじらせシングルライフの抜け出し方』のエイミー・シューマーらが綴るへっぽこな恋愛やセックス体験記は、ファンタジーなんて一切ない正直っぷりで、愛せない理由が全くない（オカズ要素はゼロのコメディだけど）。(O)

INDEX

no.	page	title	year	director	cast
18.	040	セイ・エニシング Say Anything	1989	キャメロン・クロウ	ジョン・キューザック、アイオン・スカイ
19.	044	ゴースト / ニューヨークの幻 Ghost	1990	ジェリー・ザッカー	パトリック・スウェイジ、デミ・ムーア
20.	046	クライ・ベイビー Cry-Baby	1990	ジョン・ウォーターズ	ジョニー・デップ、エイミー・ロケイン
21.	048	プリティ・ウーマン Pretty Woman	1990	ゲイリー・マーシャル	リチャード・ギア、ジュリア・ロバーツ
22.	050	髪結いの亭主 Le Mari de la coiffeuse	1990	パトリス・ルコント	ジャン・ロシュフォール、アンナ・ガリエナ
23.	052	牯嶺街(クーリンチェ)少年殺人事件	1991	エドワード・ヤン	チャン・チェン、リサ・ヤン
24.	054	ポンヌフの恋人 Les Amants du Pont-Neuf	1991	レオス・カラックス	ドニ・ラヴァン、ジュリエット・ビノシュ
25.	056	マイ・ガール My Girl	1991	ハワード・ジーフ	ダン・エイクロイド、ジェイミー・リー・カーティス
26.	058	氷の微笑 Basic Instinct	1992	ポール・バーホーベン	マイケル・ダグラス、シャロン・ストーン
27.	060	おこげ	1992	中島丈博	清水美砂、村田雄浩
28.	062	めぐり逢えたら Sleepless in Seattle	1993	ノーラ・エフロン	トム・ハンクス、メグ・ライアン
29.	064	リアリティ・バイツ Reality Bites	1994	ベン・スティラー	ウィノナ・ライダー、イーサン・ホーク
30.	066	ナチュラル・ボーン・キラーズ Natural Born Killers	1994	オリバー・ストーン	ウディ・ハレルソン、ジュリエット・ルイス
31.	068	ビフォア・サンライズ 恋人までの距離(ディスタンス) Before Sunrise	1995	リチャード・リンクレイター	イーサン・ホーク、ジュリー・デルピー
32.	070	耳をすませば	1995	近藤喜文	（声）本名陽子、高橋一生
33.	072	タイタニック Titanic	1997	ジェームズ・キャメロン	レオナルド・ディカプリオ、ケイト・ウィンスレット
34.	074	チェイシング・エイミー Chasing Amy	1997	ケヴィン・スミス	ベン・アフレック 、ジェイソン・リー

no.	page	title	year	director	cast
35.	076	ブエノスアイレス 春光乍洩	1997	ウォン・カーウァイ	レスリー・チャン、トニー・レオン
36.	078	ユー・ガット・メール You've Got Mail	1998	ノーラ・エフロン	トム・ハンクス、メグ・ライアン
37.	080	メリーに首ったけ There's Something About Mary	1998	ボビー・ファレリー ピーター・ファレリー	キャメロン・ディアス、マット・ディロン
38.	082	黒猫・白猫 Chat Noir Chat Blanc	1998	エミール・クストリッツァ	バイラム・セヴェルジャン、スルジャン・トドロヴィッチ
39.	084	ノッティングヒルの恋人 Notting Hill	1999	ロジャー・ミッシェル	ジュリア・ロバーツ、ヒュー・グラント
40.	086	アメリカン・ビューティー American Beauty	1999	サム・メンデス	ケヴィン・スペイシー、アネット・ベニング
41.	088	恋のからさわぎ 10 Things I Hate About You	1999	ジル・ジュンガー	ヒース・レジャー、ジュリア・スタイルズ
42.	092	あの頃ペニー・レインと Almost Famous	2000	キャメロン・クロウ	パトリック・フュジット、ケイト・ハドソン
43.	094	ハイ・フィデリティ High Fidelity	2000	スティーヴン・フリアーズ	ジョン・キューザック、ジャック・ブラック
44.	096	花様年華 In The Mood For Love	2000	ウォン・カーウァイ	トニー・レオン、マギー・チャン
45.	098	ブリジット・ジョーンズの日記 Bridget Jones's Diary	2001	シャロン・マグアイア	レニー・ゼルウィガー、コリン・ファース
46.	100	愛しのローズマリー Shallow Hal	2001	ボビー・ファレリー ピーター・ファレリー	グウィネス・パルトロー、ジャック・ブラック
47.	102	ヘドウィグ・アンド・アングリーインチ Hedwig and the Angry Inch	2001	ジョン・キャメロン・ ミッチェル	ジョン・キャメロン・ミッチェル、マイケル・ピット
48.	104	パンチドランク・ラブ Punch-Drunk Love	2002	ポール・トーマス・ アンダーソン	アダム・サンドラー、ジェイソン・アンドリュース
49.	106	藍色夏恋 藍色大門	2002	イー・ツーイェン	チェン・ボーリン、グイ・ルンメイ
50.	108	トーク・トゥ・ハー Hable Con Ella	2002	ペドロ・アルモドバル	ハビエル・カマラ、ダリオ・グランディネッティ
51.	110	ジョゼと虎と魚たち	2003	犬童一心	妻夫木聡、池脇千鶴

no.	page	title	year	director	cast
52.	112	ラブ・アクチュアリー Love Actually	2003	リチャード・カーティス	ヒュー・グラント、リーアム・ニーソン
53.	114	ロスト・イン・トランスレーション Lost in Translation	2003	ソフィア・コッポラ	ビル・マーレイ、スカーレット・ヨハンソン
54.	116	ブラウン・バニー The Brown Bunny	2003	ヴィンセント・ギャロ	ヴィンセント・ギャロ、クロエ・セヴィニー
55.	118	エターナル・サンシャイン Eternal Sunshine of the Spotless Mind	2004	ミシェル・ゴンドリー	ジム・キャリー、ケイト・ウィンスレット
56.	120	50 回目のファースト・キス 50 First Dates	2004	ピーター・シーガル	アダム・サンドラー、ドリュー・バリモア
57.	122	イカとクジラ The Squid and the Whale	2005	ノア・バームバック	ジェフ・ダニエルズ、ローラ・リニー
58.	124	40 歳の童貞男 The 40 Year Old Virgin	2005	ジャド・アパトー	スティーヴ・カレル、キャサリン・キーナー
59.	126	エリザベスタウン Elizabethtown	2005	キャメロン・クロウ	オーランド・ブルーム、キルスティン・ダンスト
60.	128	ONCE ダブリンの街角で Once	2006	ジョン・カーニー	グレン・ハンサード、マルケタ・イルグロヴァ
61.	130	ホリデイ The Holiday	2006	ナンシー・マイヤーズ	キャメロン・ディアス、ケイト・ウィンスレット
62.	132	接吻	2006	万田邦敏	小池栄子、豊川悦司
63.	134	マイ・ブルーベリー・ナイツ My Blueberry Nights	2007	ウォン・カーウァイ	ノラ・ジョーンズ、ジュード・ロウ
64.	136	ラブソングができるまで Music and Lyrics	2007	マーク・ローレンス	ヒュー・グラント、ドリュー・バリモア
65.	138	JUNO / ジュノ Juno	2007	ジェイソン・ライトマン	エレン・ペイジ、マイケル・セラ
66.	140	パリ、恋人たちの 2 日間 2 Days in Paris	2007	ジュリー・デルピー	ジュリー・デルピー、アダム・ゴールドバーグ
67.	142	ぼくのエリ 200 歳の少女 Låt den rätte komma in	2008	トーマス・アルフレッドソン	カーレ・ヘーデブラント、リーナ・レアンデション
68.	144	セックス・アンド・ザ・シティ Sex and the City	2008	マイケル・パトリック・キング	サラ・ジェシカ・パーカー、キム・キャトラル

no.	page	title	year	director	cast
69.	146	それでも恋するバルセロナ Vicky Cristina Barcelona	2008	ウディ・アレン	スカーレット・ヨハンソン、ペネロペ・クルス
70.	148	息もできない Breathless	2008	ヤン・イクチュン	ヤン・イクチュン、キム・コッピ
71.	150	フィリップ、きみを愛してる! I Love You Phillip Morris	2009	グレン・フィカーラ ジョン・レクア	ジム・キャリー、ユアン・マクレガー
72.	154	インセプション Inception	2010	クリストファー・ノーラン	レオナルド・ディカプリオ、渡辺謙
73.	156	ハートブレイカー L'arnacœur	2010	パスカル・ショメイユ	ヴァネッサ・パラディ、ロマン・デュリス
74.	158	スコット・ピルグリムVS.邪悪な元カレ軍団 Scott Pilgrim vs. the World	2010	エドガー・ライト	マイケル・セラ、メアリー・エリザベス・ウィンステッド
75.	160	ワン・デイ 23 年のラブストーリー One Day	2011	ロネ・シェルフィグ	アン・ハサウェイ、ジム・スタージェス
76.	162	永遠の僕たち Restless	2011	ガス・ヴァン・サント	ヘンリー・ホッパー、ミア・ワシコウスカ
77.	164	チキンとプラム ～あるバイオリン弾き、最後の夢～ Poulet aux prunes	2011	マルジャン・サトラピ	マチュー・アマルリック、エドゥアール・ベール
78.	166	モテキ	2011	大根仁	森山未來、長澤まさみ
79.	168	ウォールフラワー The Perks of Being a Wallflower	2012	スティーブン・チョボスキー	ローガン・ラーマン、エマ・ワトソン
80.	170	世界にひとつのプレイブック Silver Linings Playbook	2012	デヴィッド・O・ラッセル	ブラッドリー・クーパー、ジェニファー・ローレンス
81.	172	ルビー・スパークス Ruby Sparks	2012	ジョナサン・デイトン ヴァレリー・ファリス	ポール・ダノ、ゾーイ・カザン
82.	174	わたしはロランス Laurence Anyways	2012	グザヴィエ・ドラン	メルヴィル・プポー、スザンヌ・クレマン
83.	176	セレステ&ジェシー Celeste and Jesse Forever	2012	リー・トランド・クリーガー	ラシダ・ジョーンズ、アンディ・サムバーグ
84.	178	フランシス・ハ Frances Ha	2012	ノア・バームバック	グレタ・ガーウィグ、ミッキー・サムナー

no.	page	title	year	director	cast
85.	180	華麗なるギャツビー The Great Gatsby	2012	バズ・ラーマン	レオナルド・ディカプリオ、トビー・マグワイア
86.	182	鑑定士と顔のない依頼人 La migliore offerta	2013	ジュゼッペ・トルナトーレ	ジェフリー・ラッシュ、シルヴィア・フークス
87.	184	アデル、ブルーは熱い色 La vie d'Adele	2013	アブデラティフ・ケシシュ	アデル・エグザルコプロス、レア・セドゥ
88.	186	百円の恋	2014	武正晴	安藤サクラ、新井浩文
89.	188	ラブ & マーシー 終わらないメロディー Love & Mercy	2014	ビル・ポーラッド	ジョン・キューザック、ポール・ダノ
90.	190	ぼくとアールと彼女のさよなら Me and Earl and the Dying Girl	2015	アルフォンソ・ ゴメス＝レホン	トーマス・マン、オリヴィア・クック
91.	192	シング・ストリート 未来へのうた Sing Street	2015	ジョン・カーニー	フェルディア・ウォルシュ＝ピーロ、 ルーシー・ボーイントン
92.	194	ラ・ラ・ランド La La Land	2016	デイミアン・チャゼル	ライアン・ゴズリング、エマ・ストーン
93.	196	ベイビー・ドライバー Baby Driver	2017	エドガー・ライト	アンセル・エルゴート、ケヴィン・スペイシー
94.	210	ラストタンゴ・イン・パリ Ultimo tango a Parigi	1972	ベルナルド・ベルトルッチ	マーロン・ブランド、マリア・シュナイダー
95.	212	愛のコリーダ	1976	大島渚	藤竜也、松田暎子
96.	214	ナインハーフ 9 1/2 weeks	1986	エイドリアン・ライン	ミッキー・ローク、キム・ベイシンガー
97.	216	赤い航路 Bitter Moon	1992	ロマン・ポランスキー	ピーター・コヨーテ、エマニュエル・セニエ
98.	218	アイズ ワイド シャット Eyes Wide Shut	1999	スタンリー・キューブリック	トム・クルーズ、ニコール・キッドマン
99.	220	ニンフォマニアック Vol.1 Nymphomaniac: Volume I	2013	ラース・フォン・トリアー	シャルロット・ゲンズブール、ステラン・スカルスガルド
100.	222	愛の渦	2014	三浦大輔	池松壮亮、門脇麦

5

映画を地で行くハリウッドの大物たち

ハリウッドに生きる人々の私生活は藪の中というわけにもさせないのが、今日のSNS社会ってものだが、そんな中、心温まるのが彼らのプライベートな武勇伝である。2017年11月19日朝、米カリフォルニア州で高速道路から転落した車から一般女性を救助していたのは、『ブレードランナー2049』で大胆なファイト・シーンを披露していた75歳の御大ハリソン・フォードだ。数々のヒーロー役を演じてきた彼は、これまでも遭難した女性を自家用ヘリで救出したりと映画を地で行く真のヒーローぶりを見せている。ほかにも、『タイタニック』no.33のヒロイン、ケイト・ウィンスレットは、火事に巻き込まれた90歳の女性を助けているし、『ベイビー・ドライバー』no.93で狂気的な悪役を演じたジェイミー・フォックスは、燃える車から一般男性を救出。『ラ・ラ・ランド』no.92でやっぱりこじらせていてもいい人だったライアン・ゴズリングも、路上で起きた喧嘩の仲裁に入ったり、車に轢かれそうな女性を助けたりと超いい人説を残しているのだ。

活躍を見せる人がいる一方で、映画のように普通じゃない人生を送る人も。ウディ・アレンは、35歳年下のスン=イーと結婚したが、彼女は、かつての事実婚のパートーナー、ミア・ファローの養女である。10歳の頃に父親代わりとしてスン=イーに出会ったウディは、19歳の彼女のヌードを撮影している現場がバレたことからミアとの事実婚を解消。14年には、養女のディラン・ファローからも、性的虐待で告発されている。大物プロデューサー、ハーヴェイ・ワインスタインによるセクハラ騒動もしかり、ハリウッドの実情は、映画よりもスキャンダラスなのかも。(O)

ARTIST | ILLUSTRATOR

長場雄

1976 年東京生まれ。東京造形大学卒業。人物の特徴を捉えたシンプルな線画が持ち味。プライベートワークとして毎日 1 点作品を制作する他、広告、書籍、アパレルブランドとのコラボレーションなど幅広く活動中。2015 年に作品集『I DRAW』、2017 年には過去 3 年間のワークスを集めたアーカイブ集『I DID』(PARCO 出版) を発表。前作『みんなの映画 100 選』でも全てのイラストを担当。

WRITER

山瀬まゆみ

1986 年東京生まれ。アーティスト、ライター。ロンドン芸術大学チェルシーカレッジオブアーツアンドデザイン卒業。アクリルで描くカラフルな抽象画やフェルトを使った立体作品を制作。現在は『POPEYE』『GINZA』などライターとしても活躍する。

小川知子

1982 年東京生まれ。ライター・編集者。上智大学比較文化学部卒業。映画宣伝・配給会社、『ecocolo』編集部を経てフリーに。『GINZA』『Numero TOKYO』『i-D Japan』『TRANSIT』など雑誌を中心に、インタビューや執筆を行う 。

中村志保

1982 年 NY 生まれ。慶應義塾大学文学部卒業、ロンドン大学ゴールドスミスカレッジ・メディア学部修士修了。『TRANSIT』『美術手帖』編集部を経て、フリーの編集・ライター。好きな映画監督はデレク・ジャーマン。2 児の母。

みんなの恋愛映画100選

2018年2月28日　初版発行
2018年3月14日　第2刷発行

絵　長場 雄
文　山瀬 まゆみ　小川 知子　中村 志保
装丁　前田 晃伸　馬渡 亮剛
編集　長嶋 瑞木

発行所　株式会社オークラ出版
〒153-0051 東京都目黒区上目黒1-18-6 NMビル
電話 03-3792-2411（営業部）
03-3793-4939（編集部）
http://oakla.com/
発行人　長嶋うつぎ
印刷・製本　図書印刷株式会社

ISBN：978-4-7755-2742-9

SPECIAL

「あなたに名前をつけるわ」
「名前？ クソくらえだ」

ラストタンゴ・イン・パリ

094 / 100

パリで貸し部屋を探す20歳のジャンヌは、アパルトマンの一室で中年男に犯される。当然、警察沙汰となるところだが、何の因果か男女は互いの肉体だけを求めその後も部屋で逢瀬を重ねることになる。名は明かさないし聞くこともしないと、男は女に約束させて。この部屋にいる間だけは外界を遮断した非日常の時が流れるというわけだ。しかし普通じゃないその関係にもややマンネリが見え始めた頃、ジャンヌは男にこう提案した。やはり男は一蹴する。一体この男の過去に何があったのだろうか。それはさておき、「名は体を表す」とはよく言うが、名前がクソくらえとはどうしたことか。ふむ、名も知らない相手に好意を抱くことがある。そう考えれば、名とはただの記号に過ぎずそれ以上でも以下でもない。肝心なのはやはり名前ではない。その点ではこの中年男に肩入れしたくなるのだ。(N)

INFORMATION

1972年の公開当時から過激な性描写が議論を巻き起こした問題作。特に、バターを手に取り行為に及んだシーンについて、後年ベルトルッチ監督は女優の同意を得ていなかったことを認めている。

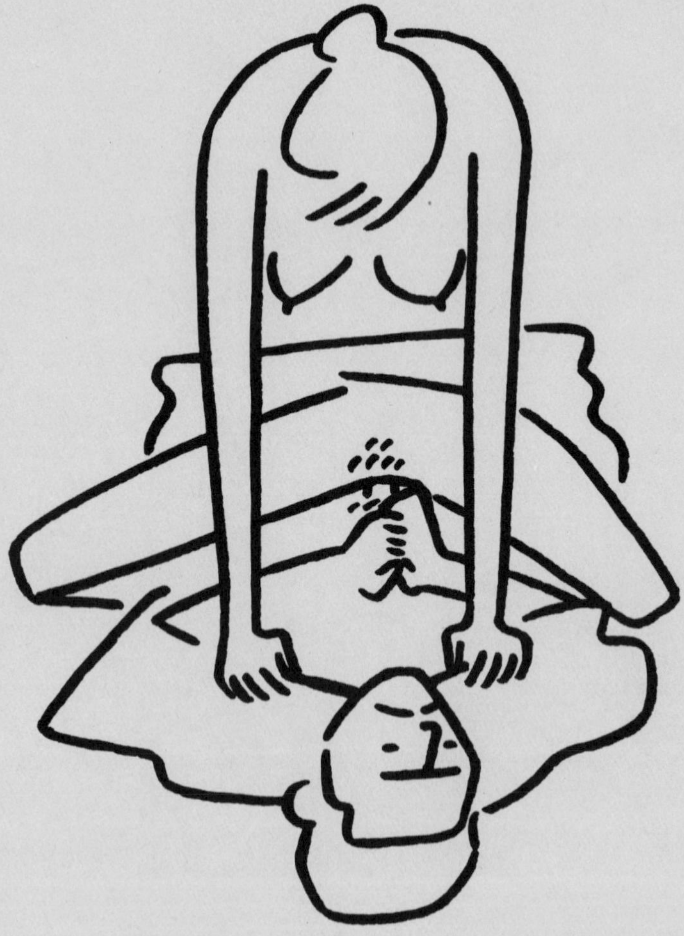

お妾(めかけ)さんなんてやだよ。

女将(おかみ)さんと半分こにするなんていやだ。

いつも一緒でなくちゃいやだ。

愛のコリーダ

095 / 100

時は昭和11年。料亭「吉田屋」の仲居として働く阿部定は、主人の吉藏(きちぞう)と体の関係を結ぶ。二人は駆け落ち同然で待合旅館に滞在し、行為に明け暮れる日々を送るのだが、女の束縛は次第にエスカレートし、このせりふのように吉藏を自分だけのものにすることに専心する。そして性行為も過激の極みへと拍車をかけ、悲劇をもって幕を閉じる。男の局部を切り取り肌身に付けて旅館を転々とし、捕らえられたとき、定は世にも晴れやかな笑顔であったとのことである。そして彼女は、人々の不思議な人気と同情を集めたそうだ。……これは実際に起きた事件である。至極単純な「いつも一緒にいたい」という女の願いは叶わぬものであったのか。時代の所為か、男の不甲斐なさか、はたまた女の狂気か。愛憎という名の歯車は軋みながら朽ちていく。男の死をもって、女は本懐を遂げたと言えるのだろうか。(N)

INFORMATION

1936年に起きた「阿部定事件」を題材にした大島渚監督作品。極限的な性行為のシーンが頻出し、性器も無修正で描写された。そのため多くのシーンがカットされ大幅な修正をもって76年に公開された。

毎日12時にそれを見て、
ぼくとのセックスを思い出して。

ナインハーフ

096 / 100

ゾワゾワゾワ〜。このせりふだけを見たら、世の女子たちの大半がドン引きすること間違いない。「思い出すかーっ！キモい！！」。そう思うのが当然ってものだろう。この映画の始まりはこうだ。エリザベスは見知らぬ男につきまとわれ、半ば強引にデートに誘われる。普通だったらストーカーだし、そんな出会いからしてキモいのだが、このジョンって男に出会ったらそんな考えも一変するのかもしれない。出会ったが最後。すべてが破滅してもいいと思ってしまうくらいのイイ男なのだから。ナインハーフ＝9週間半。その短期間にエリザベスは高級な服に宝石にと、次々と男に貢がれ、あれよあれよとドMにされてしまう。目隠しプレイに、犬のごとく床を這いつくばって金を拾わされ……気づけば欲望の渦から抜け出せなくなっている。そんなジョンが腕時計をプレゼントしてこう言った。……ああ、女は思い出すに違いない。(N)

INFORMATION

1986年公開の本作では、若かりし甘いマスクのミッキー・ロークに、"ハート形のヒップ"でスタイル抜群のキム・ベイシンガーが主演。97年には2作目が公開され、再びミッキー・ロークが出演している。

我々には自分だけの秘密がある。
そして男と女は悲劇と笑劇の種を宿してる。

赤い航路

097 / 100

他人には言えない恋愛をしたことがあるだろうか。必死になればなるほど深みにはまり、その穴は想像していたよりも遥かにどろどろとしているものだ。そしてようやく穴を抜け出した頃には、既に熱は冷めていたりする。傍から眺めれば、どんな恋愛も悲劇であり滑稽に映るだろう。だが、こんな自分も小さな舞台上の主役になれる。それが恋愛というものなのかもしれない。本作は、結婚7年目の夫婦ナイジェルとフィオナが豪華客船に乗り、地中海クルージングの旅に出ることでスタートする。そこで出会ったのが車椅子の中年男とその若い妻。男はこれまでの妻との過激な性生活を包み隠さずナイジェルに話し始める。はじめは嫌悪感を露わにしていたナイジェルだが、やがてこの夫婦にのめり込んでいく。三日三晩に渡る長い話が終わるとき、この悲劇、いや笑劇もまた幕が下りる。男が言ったこのせりふを有言実行するように。(N)

INFORMATION

男と女の極限の愛を描いたロマン・ポランスキー監督作品。嫉妬と復讐に燃える女ミミを演じたのは、ポランスキーの妻である女優のエマニュエル・セニエ。ちなみに英題は、『BITTER MOON』。

「わたしにわかるのは、ひと夜のことなんて、
ましてや生涯のどんなことだって真実かどうか」
「夢もまたすべて、ただの夢ではない」

アイズ ワイド シャット

098 / 100

概して物事は「目を大きく見開いて」観察すべきだと言われるもの。だが､本作のタイトルは「アイズ ワイド シャット」＝目を大きく閉じて、である。これでは辻褄が合うまいとひそかに思うのだが、ひょっとすると、目を見開いていては映らないものこそに真実は宿るのかもしれない。ストーリーはこう始まる。マリファナを吸引しハイになった妻アリスの、嘘とも本当とも見分けのつかない暴露話が引き金となり、嫉妬に駆られる夫のビル。そこから彼の世界は一変する。すべての出来事は欲望が生んだ妄想か夢か、はたまた夢が現実なのか。盤石であったはずの生活が揺らいでいく。そんなある日、秘密裏に開かれる会員制の“ファック”パーティへと潜入し、衝撃的な場面を目撃する……。物語の終盤で、ビルは信じていた“現実”が脅かされていくことに耐えられず、思いを妻に洗いざらい打ち明ける。上のせりふは夫婦のその会話である。さあ、見ていると信じているときこそ、目を閉じてみましょうか。(N)

INFORMATION

スタンリー・キューブリック監督が自ら「私の最高傑作だ」と公言したと言われる、傑作にして遺作となった作品。当時、私生活でも夫婦であったトム・クルーズとニコール・キッドマンが夫婦役を演じる。

L 218
R 219

「処女を奪ってと言ったら迷惑？」

「まさか、ちっとも」

ニンフォマニアック Vol.1

099 / 100

ニンフォマニアックとは色情症（しきじょう）のこと。色情症とは、性欲が普通の人よりも強かったり、妄想癖があることをいう。ある日､道に傷だらけで倒れている女性を発見するところから物語は始まる。彼女の名前はジョー。発見したセリグマンは、救急車を拒む彼女を家に連れていき怪我の治療を行う。そして、どうして倒れていたかを尋ねると、彼女の幼少期まで遡る壮大な性のストーリーが溢れ出すのだ。そう、彼女はニンフォマニアックだった。なんの感情もなく、淡々と自分が今までに経験してきたセックスの話をするジョー。その中には愛もなければ、思い入れもない。そんな彼女に、初めての相手や、ファーストキスを大切にする気なんてさらさらなく、たまたま見かけた男に言うのがこのせりふ。率直で大胆、そしてわかりやすい。人によって考え方はそれぞれだけど､このくらいストレートに（セックスへの）思いを伝えられたら気持ちがいいだろう。（Y）

INFORMATION

デンマークを代表する監督、ラース・フォン・トリアーが撮ったエロスが詰まった映画。本編は二部構成。主人公ジョーの誕生から50歳に至るまでの性経験が、章に分けられ回想のように描かれている。

ここには、

そんな意味ありげでかっけぇことないっす。

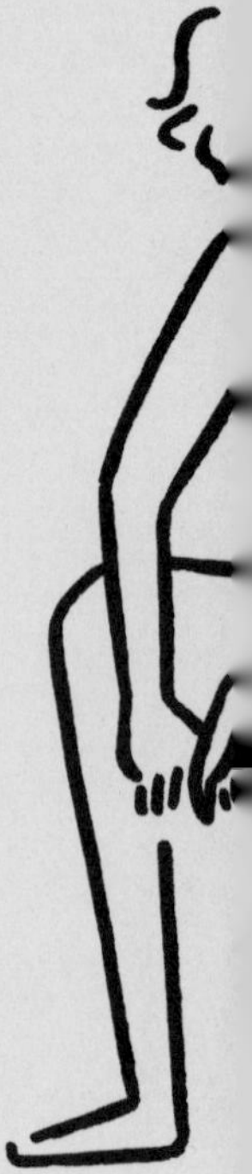

愛の渦

100 / 100

深夜0:00から朝5:00まで、セックス三昧の乱行パーティ。料金は、男性2万円。女性は千円。怪しさしかない豪華マンションの一室に集まったのは、年齢も職業もバラバラな10人だが、彼らが普段何をしていて、どこへ帰っていくかなんて、ここでは意味を持たない。初対面でほぼ丸裸にされた所在のなさを解消するための会話のネタでしかない。ただ快楽を求め、動物のようにセックスしたいだけだったはずなのに、ヤれるヤれない問題が勃発し、選り好みしてみたり、嫌悪や嫉妬が生まれたり、と滑稽なソーシャライズが始まる。翌朝、窓から差し込む朝日とともに羞恥心を取り戻す彼らに、店員は「なに？ 恥ずかしがってんの？」とせせら笑う。そして、誰もいなくなった室内でその店員の元に届くメールは示す。意味ありげに見えるセックスという名の性欲が、完璧に無意味なものかどうかは、行為の結果が出るまで誰にもわからないってことを。(O)

INFORMATION

第50回岸田國士賞を受賞した劇団「ポツドール」の同名舞台を、主宰の三浦大輔が映画化。池松壮亮扮するニートが恋心と独占欲を抱くことになる地味な女子大生役を演じた、門脇麦の見事な脱ぎっぷりが美しい。